SIMPLE EXPOSÉ

DE QUELQUES

IDÉES FINANCIÈRES

ET INDUSTRIELLES.

PARIS. — TYPOGRAPHIE DE HENRI PLON,

IMPRIMEUR DE L'EMPEREUR,

8, rue Garancière.

SIMPLE EXPOSÉ

DE QUELQUES

IDÉES FINANCIÈRES

ET INDUSTRIELLES

PAR

FR. BARTHOLONY.

Tout ce qui facilite la circulation est favorable au crédit.

Tout ce qui est favorable au crédit accroît la prospérité publique.

Le crédit est à la puissance de l'État ce que la santé est au corps humain : il rend possible ce qui ne l'aurait pas été, et facilite toutes choses.

Il y a solidarité entière entre le crédit de l'État et le crédit des grandes Compagnies.

Relever le crédit des Compagnies, c'est relever le crédit de l'État.

SECONDE ÉDITION

REVUE ET AUGMENTÉE DE PLUSIEURS CHAPITRES NOUVEAUX.

PARIS

HENRI PLON, ÉDITEUR

8, RUE GARANCIÈRE

1860

AVERTISSEMENT

DE LA DEUXIÈME ÉDITION.

Depuis la publication de l'ouvrage intitulé : *Simple Exposé de quelques idées financières et industrielles*, de graves préoccupations sont venues s'emparer de l'attention publique, et reléguer au second rang des questions que leur importance, avec la paix, plaçaient au premier. Pendant cette longue tourmente politique, dont il est permis maintenant d'entrevoir la fin prochaine, plus d'un lecteur, certainement, aura souri en voyant ma confiance dans le fameux aphorisme de Bordeaux : « L'Empire, c'est la paix. »

En effet, l'apparition soudaine de la brochure sur la Papauté, la levée de boucliers de Garibaldi en Sicile, et, plus tard, son invasion du royaume de Naples ; l'annexion de la Savoie suscitant une opposition passionnée de la part

de l'Angleterre ; les communications diplomati-
ques de la Russie, les troubles de Syrie, tout cet
ensemble de faits successifs, concordant avec les
défiances intéressées à l'endroit de la France im-
périale, ont fait naître et grandir de plus en plus
la crainte d'une commotion politique prochaine
et générale.... Vainement l'Empereur a saisi
toutes les occasions de rassurer l'Europe alar-
mée. Le programme du 5 janvier, le traité de
commerce avec l'Angleterre, la visite au Prince
régent de Prusse, des déclarations solennelles
et répétées, rien n'a pu calmer l'opinion ; et la
prise de possession de la Savoie, bien que librement consentie par l'ancien souverain et ac-
cueillie avec acclamation par les populations
savoisiennes, a servi d'aliment aux inquiétudes
les moins justifiées. Au dire d'un grand nombre, c'était le prélude à la politique de conquête
du premier Empire.

L'Angleterre, puissance ombrageuse et ja-
louse, a été la première à souffler ces idées. Elle
s'est mise à la tête des alarmistes et des alarmés,
et l'annexion de la Savoie à la France, si simple,

si naturelle après la guerre d'Italie, après l'adjonction au Piémont des provinces autres que la Lombardie, a été le prétexte au moyen duquel le ministère anglais a obtenu du Parlement des sommes exorbitantes pour se mettre à l'abri (quelle dérision!) d'une descente sur les côtes du Royaume-Uni!

Libre à l'Angleterre, assurément, de dépenser en fortifications et autres moyens de défense des centaines de millions, comme nous l'avons fait après 1840, dans des circonstances d'isolement qui semblaient mieux justifier ces efforts excessifs; mais la réflexion, il faut l'espérer, fera comprendre à cette puissance qu'elle agirait plus sagement en cherchant sa force dans une alliance franche et sincère avec la France, alliance qui garantirait la paix du monde mieux que ses flottes et ses remparts, en même temps qu'elle réaliserait le vœu le plus ardent de tous les amis de l'humanité et de la civilisation.

Quoi qu'il en soit des craintes mal fondées que les passions politiques ont réussi, malgré

toutes les dénégations, à susciter en Europe, le temps fera son œuvre, et quand il aura consacré la sincérité des déclarations de la France, il faudra bien que l'Europe reconnaisse son erreur et se rende à l'évidence. En effet, si elle ne songe pas à attaquer la France (et chacun en est bien convaincu); si l'Empereur, comme il l'a déclaré dans une occasion solennelle et récente, « *uniquement préoccupé des intérêts géné-*
» *raux du pays, dédaigne tout ce qui peut porter*
» *obstacle à leur développement.....; si rien ne le*
» *fait dévier de la voie de modération et de justice*
» *qu'il a suivie jusqu'à ce jour et qui maintient la*
» *France au degré de grandeur et de prospérité que*
» *la Providence lui a assigné dans le monde* », qui pourrait, comme il le recommandait dans le même discours aux commerçants et industriels de Lyon, qui pourrait empêcher le commerce et l'industrie « *de se livrer avec confiance aux*
» *travaux de la paix?.... »*

L'Empereur n'a-t-il pas écrit aussi, récemment, à son ambassadeur en Angleterre:

« *Je l'ai dit en 1852 à Bordeaux, et mon opi-*

» nion est aujourd'hui la même : j'ai de grandes
» conquêtes à faire, mais en France. Son organi-
» sation intérieure, son développement moral, l'ac-
» croissement de ses ressources ont encore d'im-
» menses progrès à faire. Il y a là un assez vaste
» champ ouvert à mon ambition, et il suffit pour la
» satisfaire. »

Ces déclarations si claires, si nettes, si solennelles, si souvent répétées, doivent, à mon sens,
nous laisser dans une complète sécurité sur le
maintien de la paix, nonobstant les inquiétudes
vives et générales qu'on est parvenu à faire
naître et à entretenir, contrairement à la vérité,
contrairement aux sentiments de l'Empereur et
du pays qu'il gouverne avec tant de sagesse et
aussi avec tant de succès.

Oui, si l'Europe redoute la guerre, si Napoléon III veut la paix et n'ambitionne de conquêtes nouvelles que dans le développement
moral et matériel de son Empire, nous conser-
verons ce bienfait inappréciable, cette paix si
désirée, et tous les bons citoyens doivent dès
aujourd'hui rechercher les moyens d'aider

l'Empereur à exécuter en entier et le plus promptement possible son admirable programme économique du 5 janvier.

Dans mon vif désir de contribuer, pour ma faible part, à la reprise du crédit et des affaires, et dans la ferme croyance que l'apaisement des craintes de guerre est proche, je me suis laissé aller à la pensée que la réimpression du *Simple Exposé de quelques idées financières*, revu et augmenté de quelques idées nouvelles, pourrait avoir quelque utilité.

J'ai, sans doute, trop présumé de ce travail ; mais, enfin, si je me suis trompé, c'est de bonne foi, convaincu que je suis de l'efficacité des mesures proposées.

Cette publication, au reste, peut être considérée comme le couronnement de mon œuvre.

Entraîné, presque malgré moi, il y a vingt-cinq ans, dans le domaine de la publicité, par un besoin instinctif de mettre au jour des idées que je croyais propres à produire quelque bien, surtout à une époque où l'esprit d'association n'était encore qu'en germe en France, et où les grands travaux publics n'avaient reçu que de très-faibles développements, je n'ai cessé depuis lors *de combattre le bon combat ;* par ce dernier écrit, j'ai voulu travailler encore à la consolidation de l'alliance de l'État et de l'industrie privée, longtemps ennemis, pour le malheur du pays, aujourd'hui pleinement réconciliés au grand profit de tous ; car c'est par la force de l'opinion publique qu'on arrive à faire passer dans les faits ce qui, resté à l'état de simple idée, n'a aucune valeur (1).

Un des moyens les plus efficaces, sans contredit, de rendre l'alliance de l'État et de l'industrie fertile en grands résultats, ce serait la substitution du crédit public au crédit solide et excellent, mais relativement inférieur, des Compagnies. J'ai la conviction que ce serait, à tous

(1) La télégraphie électrique, ce rayon lumineux échappé du ciel, est restée longtemps enfouie dans les livres avant que l'exploitation des chemins de fer s'en fût emparée et en eût fait, par l'application, la plus admirable découverte.

J'ai de bonnes raisons d'espérer un prochain remaniement du tarif des dépêches, qui généralisera le bienfait et augmentera dans de grandes proportions l'immense utilité de ce nouveau véhicule donné à la pensée.

les points de vue, une opération essentiellement
utile à l'État comme aux Compagnies, et je l'ai
dit. Cette opinion a naturellement été contestée,
elle devait l'être, car, au premier abord, elle
paraît hardie, téméraire même, tandis qu'en
réalité il n'y a rien de plus simple et de plus
naturel. En effet, puisqu'il faut emprunter, et
beaucoup emprunter pour les travaux publics,
et que l'État est déjà engagé par sa garantie,
pourquoi ne pas employer le mode d'emprunt
le plus avantageux? On verra aux Annexes de
cette deuxième édition, dans les quelques pages
extraites de mes précédentes publications, que
je n'ai jamais varié sur l'idée fondamentale de
faire contribuer le crédit public au développement des grands travaux d'utilité générale.
« Assez longtemps (je n'ai cessé de le répéter)
» le puissant levier du crédit de l'État n'a servi
» qu'à subvenir aux frais de la guerre; que la
» France, aux idées nobles et généreuses, donne
» au monde le grand et bel exemple de le faire
» servir aux travaux féconds de la paix!.... »
Cet appel a été entendu par l'Empereur en ce

qui concerne la garantie d'intérêt, car son Gouvernement l'a appliquée aux entreprises d'utilité publique, avec une grande libéralité et sur la plus large échelle (on ne saurait trop l'en louer!) ; mais l'on peut et l'on doit aller plus loin, comme je cherche maintenant à le démontrer.

J'ai essayé aussi, dans cette seconde édition, de répondre aux objections qui se sont produites en petit nombre, et sous des formes dont la bienveillance ne pouvait que me disposer à leur faire bon accueil. J'espère avoir réussi, car, sincèrement, aucune de ces objections ne m'a paru de nature à modifier l'opinion que j'avais émise sur l'utilité des différentes mesures proposées, notamment en ce qui touche l'amortissement par voie de compensation, et la substitution du crédit de l'État au crédit des Compagnies.

Le programme du 5 janvier, suite et complément de celui de Bordeaux, ouvre à la France les plus magnifiques horizons. Que la paix au dehors nous soit assurée, comme la tranquillité l'est au dedans, et, avant peu d'années, la

France, douée d'une vitalité que nos révolutions successives ont à peine pu amoindrir, arrivera, malgré toutes les prévisions contraires, sous le gouvernement de l'Empereur, et grâce à l'énergie de son initiative personnelle, à la plus grande prospérité commerciale et industrielle, et, par suite, exercera au dehors l'influence la plus légitime et la mieux justifiée dont l'histoire ait jamais eu à retracer le tableau.

C'est donc mal à propos, à mon avis, que l'on a cherché à effrayer le public sur les conséquences du traité de commerce à l'endroit de nos industries nationales, et, en particulier, à faire croire à l'affaiblissement du trafic des chemins de fer, ces agents si actifs et si nécessaires de la prospérité générale. Les tarifs légaux de ces entreprises n'ont jamais été menacés, comme on l'a dit à tort, et les abaissements considérables qu'ils ont subis dans la pratique sont dus, non à une pression du Gouvernement, mais à l'esprit vraiment libéral que les Compagnies ont su apporter dans l'exercice de leur droit, et à la promptitude avec laquelle elles ont compris que le meilleur moyen d'assurer leur prospérité serait de hâter par le bon marché le développement des transports. Si, dans un intérêt général, le Gouvernement voulait aller au delà et établir une quatrième classe de tarif légal, comme il en est question, dit-on, ce serait certainement d'accord avec les Compagnies, et au moyen de justes compensations dont j'ai cherché à indiquer moi-même la formule, comme on le verra dans la suite de cet ouvrage.

L'extension du commerce, conséquence forcée d'une plus grande liberté accordée aux échanges, amènera un accroissement considérable du trafic sur les chemins de fer, et l'accroissement le plus productif, puisque c'est le commerce extérieur qui nécessite les trafics les plus longs et dès lors les plus rémunérateurs. En fait de recettes, les chemins de fer sont loin d'avoir dit leur dernier mot : l'avenir leur réserve des améliorations de tous genres, si l'on persévère dans la voie de liberté commerciale sagement progressive où l'on est entré.

L'expérience, à mesure qu'elle se révèle, ne

nous apporte-t-elle pas, sous ce rapport, des enseignements bien significatifs? Au commencement de cette année, les bruits les plus sinistres étaient répandus. Les chemins de fer avaient « atteint leur apogée »! Et parce que, pendant les premiers mois, les produits faiblirent, ils devaient, disait-on, aller toujours en déclinant! L'adjonction des nouveaux réseaux allait mettre le comble à cette décadence! Que sont devenues ces tristes prévisions, en présence du résultat total de l'exercice qui s'achève? Non-seulement les déficits des premiers mois seront couverts; mais, malgré les transports extraordinaires de 1859, 1860 offrira un excédant notable sur presque tous les chemins.

Ainsi se trouve justifiée la confiance de ceux qui ont cru au brillant avenir des voies ferrées; voies admirables, dont les frais de construction et d'entretien sont largement couverts par les produits, et qui, de plus, procurent au pays des économies que l'on peut calculer chaque année par centaines de millions! J'ai donc pu dire, il y a vingt-cinq ans, sans qu'on soit en droit de

me taxer d'exagération, que, comparée au système des routes sans péage, la circulation sur
les chemins de fer, bien que grevée d'un tarif
rémunérateur pour les Compagnies, serait en
réalité *plus que gratuite* pour le public.

Quant aux conséquences que pourra avoir
l'adjonction des nouveaux réseaux, sans doute
les apparences actuelles n'en donnent pas une
idée satisfaisante. Mais il ne faut pas oublier
que les tronçons qui commencent à s'exploiter
sont placés dans les conditions les plus défavorables, isolés, sans rayonnement, sans corres-
pondances organisées. Attendez qu'ils soient
achevés, reliés l'un à l'autre, et peut-être assis-
terez-vous alors à une de ces transformations
qui ont suivi de si près l'achèvement des anciens réseaux. D'abord, il est incontestable
qu'ils apporteront d'importants accroissements
à la ligne principale : ce sont les ruisseaux et les
rivières qui viennent grossir le fleuve. Ensuite,
qui pourrait dire que les nouveaux réseaux
ne parviendront jamais à se suffire à eux-mêmes, surtout si les charges du capital employé

à les achever sont réduites, soit par le mode d'emprunt, soit par la simple amélioration du crédit, soit enfin par ces deux causes réunies? Si l'on juge de l'avenir par le passé, il est permis d'espérer que l'époque redoutée de la fusion des réseaux se passera sans altérer sensiblement les revenus actuels, qui s'accroîtront d'ailleurs d'ici à 1865. Peut-être même, pour certaines Compagnies, ne les réduira-t-elle pas du tout. Au surplus, qu'on veuille bien le remarquer, la garantie de l'État, stipulée dans la dernière convention, détermine d'avance une limite à la réduction des dividendes : par là se trouve changée la nature du revenu assuré aux capitaux engagés dans les chemins de fer. Les actions participeraient du caractère de l'obligation, et devraient se capitaliser à un taux autre que celui qui paraît généralement admis aujourd'hui pour les titres à revenus incertains et variables.

Mais, je le répète, ne nous abandonnons pas aux suggestions d'un pessimisme outré. Le passé nous a donné bien au delà de ce qu'on attendait de lui ; l'avenir ne se montrera pas moins fécond pour ceux qui, au lieu de désespérer des résultats qu'il nous cache encore, sauront tirer parti du surcroît d'activité que des réformes bien entendues doivent imprimer à toutes les industries.

Ces chances favorables que, pour mon compte, j'aime à prévoir, deviendraient bien vite une réalité certaine, si l'on procédait à l'établissement des lignes qui restent à construire avec la sage mesure qui a présidé au classement des routes de terre. Notre réseau de routes de terre est divisé en routes *impériales*, routes *départementales*, routes *cantonales* et routes *communales*, et le capital qu'on a consacré à l'ouverture de ces chemins classés par catégories est proportionné à l'importance des services qu'ils sont appelés à rendre. Pourquoi ne pas agir de même en matière de voies ferrées ? Pourquoi traiter les chemins de montagne comme les chemins de plaine, les lignes d'importance secondaire comme les lignes de grande circulation, les embranchements qui doivent rapporter de 10 à 15,000 francs par kilomètre comme ceux qui en rapportent le double, le quintuple, le décuple?...

Une économie notable apportée dans la construction amènerait des résultats corrélatifs dans le rendement, et changerait toutes les bases d'après lesquelles on apprécie aujourd'hui l'influence future des nouveaux réseaux sur les produits des anciens. Je suis convaincu qu'on en viendra à comprendre partout l'utilité de cette réforme, et qu'on la mettra en pratique. Le jour où cela se fera, j'aurai eu plus que jamais raison de prémunir le public contre les appréhensions qu'on a voulu lui inspirer touchant la valeur actuelle des chemins de fer.

Qu'on se rassure donc! En fait de réductions dans les dépenses d'établissement, tout reste encore possible : en fait de développements commerciaux, l'avenir qui se prépare nous ménage peut-être les plus merveilleuses surprises.

Je ne puis résister au plaisir de reproduire ici, à propos de l'avenir commercial de la

France, la belle définition du commerce donnée par le comte Mollien :

« Le commerce, dit-il, tend à faire des pro-
» ductions de chaque partie du globe une pro-
» priété commune; il a fait de l'Europe une
» grande famille, et, à côté des passions qui
» divisent les princes, il a placé le contre-poids
» des besoins mutuels et des intérêts récipro-
» ques. »

C'est là, si je ne me trompe, la justification complète des principes qui ont présidé au récent traité de commerce avec l'Angleterre.

En ce qui touche les questions de crédit, ce serait une grande erreur de croire que ces questions n'intéressent que la Bourse. Elles sont comme la séve de la vie sociale, et, selon qu'elles sont bien ou mal résolues, un pays peut souffrir ou éprouver du bien-être dans tous les organes par lesquels s'exerce son activité.

Si les questions de crédit reçoivent une bonne solution, le commerce intérieur et extérieur de la France peut, en particulier, être appelé à une prospérité d'autant plus grande, qu'il possède des aptitudes et des qualités vraiment remarquables.

La solidité du commerce français s'est hautement manifestée pendant la tourmente de 1857. Alors qu'en Amérique, en Angleterre et en Allemagne, on voyait des maisons puissantes tomber par centaines, les sinistres, en France, n'ont pas dépassé la proportion ordinaire.

C'est un grand honneur pour le commerce français. En le félicitant de sa sagesse et de son habileté, faisons des vœux pour qu'il y persévère, et pour qu'à la reprise générale des affaires qui se prépare, il travaille de plus en plus à développer ses rapports avec l'étranger, surtout par l'irréprochable confection de ses produits et la parfaite loyauté de ses transactions.

Enfin, je puis le dire avec vérité en terminant, quoi qu'il advienne de mes efforts pour faire admettre mes dernières propositions, le sentiment intime que le bien public est mon seul but et mon unique guide suffit à ma propre satisfaction. On est fort à l'aise quand, en dehors de tout intérêt privé, l'on plaide la cause de l'intérêt public, et certes, personne ne niera que les Compagnies de chemins de fer, par la nature et l'importance de leurs affaires, par le nombre des personnes dont la fortune et l'existence sont liées à leur prospérité, ne constituent dans l'État un intérêt de premier ordre.

Des bords du Léman, 25 octobre 1860.

AVANT-PROPOS

DE LA PREMIÈRE ÉDITION.

Lorsque l'Europe vivait dans la confiance que lui avait inspirée la célèbre déclaration de Bordeaux : *l'Empire, c'est la paix*, le crédit public était en voie de rapide amélioration dans tous les pays; mais nulle part peut-être l'heureuse influence de ce programme civilisateur n'avait produit de meilleurs effets qu'en France. Le 3 0/0 tendait énergiquement à reprendre, vis-à-vis des consolidés anglais, des cours plus en rapport avec la prospérité relative des deux nations, et toutes les valeurs qui représentent la fortune mobilière de la France se capitalisaient à un taux où l'on pouvait voir à la fois un témoignage de sécurité flatteur pour la politique du Gouvernement, et un indice sûr de la disposition des esprits à s'élancer dans la carrière féconde des grandes entreprises.

Les complications survenues en Orient et l'expédition de Crimée ont brusquement enrayé cette tendance si heureuse et si favorable. Il n'était pas possible que, sur les ressources promises aux travaux de la paix, quinze cents millions fussent soudainement absorbés par les nécessités de la guerre, sans que la place, surchargée de rentes par trois emprunts successifs, en éprouvât une perturbation bientôt traduite dans la cote officielle par un affaissement général des valeurs.

Puis, au moment où le pays commençait à peine à se remettre de cette rude secousse, sont venues les complications, plus inattendues peut-être, de la question italienne. Nouvel appel au crédit pour la guerre contre l'Autriche, nouvelle émission de rentes coïncidant avec la négociation continue des obligations de chemins de fer, et surtout nouvelles appréhensions, nouveaux doutes sur la possibilité, et même, le dirai-je? sur la volonté de réaliser le programme de Bordeaux.

Il importe beaucoup de ne pas se tromper sur le caractère des symptômes qui se produisent dans le domaine des affaires. Malgré l'importance des sommes qui ont été demandées dans ces dernières années pour faire face tout à la fois aux exigences subites de la politique et à la continuation des travaux engagés par l'industrie, la France est de force à suffire à tout, mais à une condition : — c'est qu'elle reste confiante, et qu'elle sache où on la mène! Si le crédit paraît profondément altéré aujourd'hui; si, à la suite d'une guerre aussi courte que brillante, à la veille d'un congrès où l'accord des grandes puissances va compléter les préliminaires de paix signés à Villafranca, quand tout semble concourir à éloigner, avec les chances de collision, les causes d'inquiétude, le marché demeure inerte et ne fait que de faibles efforts pour se relever, ce n'est pas qu'il soit épuisé ni qu'il se croie impuissant! Non, il a le sentiment de ses forces; il sait que des masses de capitaux sont encore accumulées improductivement dans les grands réservoirs publics et dans les caisses particulières ; il a sous les yeux ce contraste étrange des meilleures valeurs négligées malgré le bas prix de leur capitalisation, alors qu'on se dispute, en banque, de maigres emplois à 2 1/2 0/0, uniquement parce qu'ils n'engagent que pour très-peu de temps ! Comment méconnaître le sens de ces faits, manifestes pour tous ? Cela veut dire de la façon la plus claire que ce n'est pas l'abondance des ressources qui s'est affaiblie, mais bien la sécurité qui en déterminait précédèmment l'emploi. La France est toujours riche, très-riche ; seulement, elle hésite à faire le placement à long terme de ses épargnes. Pourquoi ? Il ne servirait de rien de se faire illusion sur le sentiment qui la domine. Elle ne voit pas clair dans le présent, et encore moins dans l'avenir. Ébranlée par des secousses imprévues, elle craint de s'abandonner trop tôt à la confiance qui la sollicite ; elle interroge avec anxiété tous les points de l'horizon, redoutant une tempête dans chaque nuage, et se

tenant en défiance même contre la sérénité qui
apparaît momentanément à ses regards.

Ne nous étonnons pas de ce résultat, si regrettable qu'il puisse être. Le calme ne se réta-
blit pas dans l'ordre moral aussi facilement que
dans l'ordre matériel, et les défiances survivent
aux événements qui les ont fait naître. Mais c'est
là une raison de plus pour que tous les bons
citoyens travaillent, dans la mesure de leurs
forces et dans la sphère de leur influence, à
éloigner de la société cette disposition maladive
au pessimisme.

Appelé, par mes modestes mais indépendantes
fonctions de président de la Compagnie de Lyon
à Genève, à l'insigne honneur d'être le premier
à saluer le retour de l'Empereur après l'entre-
vue de Villafranca, j'ai pu dire avec une entière
sincérité à Sa Majesté : « Sire, vous avez étonné
» le monde par la rapidité et l'éclat de vos vic-
» toires ; mais vous l'avez surpris bien plus en-
» core par la magnanimité et la modération
» de votre politique. Ils sont rares les noms des
» grands capitaines qui ont su se vaincre eux-

» mêmes et s'arrêter au milieu de leurs succès.
» Cette place privilégiée dans l'histoire, Votre
» Majesté a su la conquérir, et c'est là son plus
» grand triomphe. » — Un tel empire sur soi-
même, de la part d'un souverain victorieux
qui venait de renouveler les prodiges de la cam-
pagne de 1796, me paraissait alors et doit paraître à tout homme impartial un gage précieux,
une garantie solide de son amour pour la paix.
Depuis, tous les actes du Gouvernement ont
tendu à confirmer cette opinion, que le programme de Bordeaux reste toujours la pierre
angulaire, la base fondamentale et permanente
de la politique de l'Empereur. J'y persiste
donc, pour mon compte, plus que jamais.
La guerre de Crimée, la guerre d'Italie, sont
de glorieux accidents, que les circonstances et
le mécanisme compliqué de la politique euro-
péenne ont pu amener coup sur coup, sans diminuer en rien la valeur du principe sous les
auspices duquel le Gouvernement de Napoléon III a voulu se placer dès son avénement.
Loin d'avoir affaibli ce principe, ils n'auront

servi, au contraire, qu'à lui donner plus de prix aux yeux du monde. Je suis donc personnellement convaincu que, sous ce rapport, la guerre a, si l'on peut parler ainsi, fait les affaires de la paix, en ce sens qu'en rendant la paix plus nécessaire, elle l'a rendue aussi plus facile et plus durable, par les solutions qu'elle a données à des questions qui depuis longtemps pesaient sur nos relations extérieures.

Ces courtes réflexions expliquent la publication du présent opuscule. A mon sens, c'est surtout en adoptant les mesures les plus propres à développer le crédit que le Gouvernement rétablira dans les esprits la croyance à la stabilité de la paix si heureusement reconquise. C'est en s'appliquant résolûment à rendre cette paix féconde qu'il réussira à dissiper les incertitudes, les préventions, les craintes généralement répandues, et à enlever tout crédit à la tactique de ceux qui, par des imputations malveillantes et sans cesse renouvelées, se plaisent à les entretenir. C'est par conséquent l'aider à atteindre ce but que d'appeler la discussion

sur quelques propositions qu'à diverses époques j'ai eu l'honneur de soumettre à la haute
sagesse de Sa Majesté, qui a daigné elle-même
m'encourager à les produire au grand jour.

En dehors de ce motif tout spécial d'opportunité, qui ne sait que les meilleures mesures,
comme les meilleurs fruits, ont besoin de temps
pour arriver à maturité? Ce n'est pas du premier
coup que l'opinion se familiarise avec les idées
qui viennent disputer la place occupée par les
anciens systèmes. — Réduire l'intérêt de la dette;
— substituer l'industrie privée à l'État pour l'exécution des grands travaux publics; — générali-
ser sur la plus large échelle, à titre d'encouragement, la garantie d'un minimum de revenu;
— servir des intérêts aux capitaux versés pendant la période des travaux; — concentrer les
concessions de chemins de fer en un petit
nombre de réseaux puissants, de façon que l'ai-
guillon nécessaire de la concurrence ne dégé-
nère pas en un instrument d'anarchie commerciale et de ruine universelle; — fonder une institution de crédit adaptée aux besoins de la

propriété foncière; — faire participer directement, par la souscription publique, toutes les
bourses aux emprunts, au lieu d'interposer une
sorte d'oligarchie financière entre la nation et
le Gouvernement, dont les intérêts doivent toujours rester étroitement unis : — certes, tout cela
paraît simple aujourd'hui, parce qu'on en jouit
et que le pays en recueille chaque jour des avantages incontestables. Mais qu'on se reporte à
quinze ou vingt ans en arrière : tout cela était
alors matière à débats vifs et passionnés. Tout
cela n'est entré dans la pratique que de haute
lutte, et après avoir eu à surmonter une longue
résistance. Combien n'a-t-il pas fallu attendre,
même pour des améliorations d'un ordre moins
important ? Pour obtenir, par exemple, que le
télégraphe électrique cessât d'être exclusivement
considéré comme un *droit régalien*, et fût mis à
la disposition du public ? Et les timbres-poste à
prix réduit ? Et les coupures de 100 francs pour
les billets de banque ? Et la caisse de retraite
pour la vieillesse ? Et tant d'autres mesures
qu'on pourrait citer, ont-elles été réalisées de

prime abord? Non. Il en sera de même, je le sais, pour quelques-unes des propositions contenues dans cet écrit. On les combattra, on les repoussera; mais peut-être que, pour elles aussi, ce temps d'épreuve sera suivi de quelques essais d'application qui en feront constater et reconnaître l'utilité.

C'est dans cette pensée, dégagée de tout intérêt particulier, que je livre à la publicité ces notes, rédigées à différentes dates. Certaines questions qui s'y trouvent indiquées, celles-là, il est vrai, qui n'ont qu'un caractère secondaire, ont déjà reçu un commencement de solution. Le reste viendra, je l'espère, plus tard. Le Gouvernement actuel se prête volontiers à l'application des projets utiles, sans se laisser arrêter par les vaines terreurs qui en d'autres temps ont réussi à paralyser les meilleures intentions. C'est un hommage qu'il est juste de lui rendre, et c'est aussi une chance de réussite pour tous ceux qui se font les promoteurs d'idées nouvelles. Dans tous les cas, j'aurai obtenu le résultat que je poursuis, si, en indiquant mes vues personnelles sur des points qui touchent de près au bien public, je contribue, pour ma faible part, à détourner les esprits de préoccupations aussi irritantes que stériles, et à les entraîner à la recherche des améliorations qui sont le signe en même temps que l'apanage des époques vraiment inspirées par le génie de la paix.

25 novembre 1859.

3.

SIMPLE EXPOSÉ

DE QUELQUES

IDÉES FINANCIÈRES

ET INDUSTRIELLES.

Au mois de novembre 1858, j'ai eu l'honneur d'adresser à Sa Majesté la lettre suivante :

SIRE,

Votre Majesté a daigné accueillir avec bonté les idées que j'ai pris quelquefois la respectueuse liberté de lui adresser sur différentes questions d'intérêt public.

J'obéis encore une fois au sentiment de dévouement à l'Empereur et au pays qui m'a dirigé dans mes précédentes démarches, en venant soumettre à Votre Majesté une série de mesures qui, dans ma conviction, exerceraient une heureuse et prompte influence sur le crédit public.

Sans doute, une politique habile, une sage administration des finances sont et seront toujours la base la plus solide du crédit; mais quand, dans l'état de calmé et de prospérité incontestable dont jouit la France, on considère la disproportion qui existe entre les fonds anglais et les fonds français, on reconnaît qu'il est de l'intérêt et du devoir du Gouvernement impérial de prendre toutes les mesures et de rechercher tous les moyens qui pourraient tendre à effacer cette disproportion blessante et à relever le cours des valeurs publiques à la hauteur où il devrait être.

Je serais heureux, Sire, s'il m'était permis de concourir à un résultat qui me paraît si digne d'appeler l'attention de votre Gouvernement, et c'est le sentiment qui m'a déterminé à adresser à Votre Majesté la note ci-jointe, que je soumets humblement à sa haute appréciation et à l'examen de ses ministres.

J'ai l'honneur d'être avec le plus profond respect,

SIRE,

de Votre Majesté,

le très-humble et très-dévoué serviteur,

F. BARTHOLONY.

A cette lettre était jointe une note énumérant diverses mesures financières dont l'ensemble pouvait favoriser la reprise des affaires et imprimer un grand développement au crédit public.

Ces mesures, dont quelques-unes ont depuis été mises à exécution, se formulaient dans les termes suivants :

NOTE.

1° La planche aux obligations de chemins de fer serait brisée. Il y aurait suppression d'émissions nouvelles sous cette forme, et dès lors hausse naturelle de ces valeurs ;

2° On accorderait la cote à terme pour les obligations émises, et l'on examinerait la question de la création d'un *omnium*, que la Banque de France, dépositaire d'une grande partie de ces valeurs, serait en si bonne position pour créer, à son grand profit et au profit du crédit public ;

3° On créerait un Grand-Livre au taux de 2 1/2 0/0 pour les Compagnies de chemins de fer, à l'effet de pourvoir à leurs besoins futurs.

L'émission de ce 2 1/2 0/0 serait faite par l'État, à l'instar des emprunts dits nationaux, par voie de souscription publique ;

4° On procéderait, aussitôt que l'amélioration du crédit le permettrait, à la conversion facultative du 4 1/2 au pair contre du 3 0/0 à 75 fr., soit à la réduction d'un 1/2 0/0 sur l'intérêt, avec augmentation probable du capital ;

Par suite de cette opération, excellente à tous égards, on obtiendrait l'uniformisation de la dette publique et une hausse certaine des cours du 3 0/0.

Nota. La portion très-minime qui ne se convertirait pas volontairement serait réduite dans deux ans et demi dans une plus forte proportion, probablement de 1 0/0, soit du double; cette crainte, sans aucun doute, pousserait au succès de la conversion;

5° On régulariserait les fonctions de l'amortissement: l'annuité de 123,626,262 fr. (1) serait définitivement annulée et retranchée du budget.

L'amortissement de la dette publique s'opérerait désormais par voie de compensation, en lui affectant la nue propriété des chemins de fer qui appartient à l'État et qui constitue la plus puissante dotation que jamais, dans aucun pays, aucune caisse d'amortissement ait possédée;

6° On fonderait une caisse de dotation et d'encouragement des entreprises d'utilité publique. Cette caisse, alimentée par les ressources énumérées d'autre part, rendrait d'immenses services et pourrait contribuer énergiquement à la transformation du territoire de l'Empire rêvée par Napoléon Ier, et si bien commencée par son auguste successeur Napoléon III;

7° On supprimerait l'impôt sur les valeurs mobilières par le retrait pur et simple de la loi du 23 juin 1857.

Ce retrait est de la plus haute importance, et rien ne ferait plus d'honneur à l'initiative personnelle de l'Empereur, en même temps qu'aucune mesure n'aurait un effet plus prompt et plus décisif sur l'amélioration du

---

(1) Aujourd'hui, il convient d'ajouter à cette somme celle qui a été affectée à l'amortissement par la dernière loi d'emprunt.

crédit public et la reprise des affaires industrielles, commerciales et financières.

Nota. A défaut du retrait pur et simple de la loi, retrait si désirable à tous les points de vue, il faudrait au moins, et *absolument,* trouver un moyen de transformer cet impôt et d'affranchir les Compagnies des difficultés et des embarras sans nombre auxquels il les a soumises.

QUESTIONS SECONDAIRES.

Il y a d'autres moyens de crédit qui auraient aussi leur efficacité, mais qu'il faut ranger dans une catégorie à part, étant d'un ordre différent.

1° Suppression du tourniquet, entrée libre de la Bourse.
Extension de midi à trois heures de la tenue du parquet, afin de permettre aux agents de change de traiter les affaires avec moins de précipitation (1).

2° Rétablissement de la liquidation mensuelle pour les actions des grandes Compagnies garanties par l'État, ou tout au moins, si l'on conserve la liquidation de quinzaine, réduction du droit de courtage pour les reports que le double courtage de 1/8 rend usuraires (2);

3° Création d'une banque des chemins de fer, dont l'absence s'est souvent fait sentir, et qui, au refus de la Banque de France, pourrait émettre un *omnium* des

---

(1) Fait depuis.
(2) Fait depuis.

obligations de chemins de fer pour en faire un titre unique (1).

Ces simples aperçus ont reçu, à diverses époques, des développements plus ou moins étendus, suivant le besoin des circonstances, développements dont la place est ici naturellement marquée.

---

(1) La Société de crédit commercial et industriel, fondée depuis, pourrait, jusqu'à un certain point, être considérée comme tenant lieu de la banque des chemins de fer.

SYSTÈME D'AMORTISSEMENT

DE LA DETTE PUBLIQUE PAR VOIE DE COMPENSATION.

Fondation d'une Caisse de dotation ou d'encouragement des entreprises d'utilité publique.

(Mémoire remis à l'Empereur en mars 1857.)

I

L'action de l'amortissement est suspendue depuis 1848, et le montant de la dotation qui figure chaque année au budget n'a plus pour effet que de grossir fictivement le chiffre de la recette et de la dépense (1).

Il ne paraît ni de l'intérêt ni de la dignité du Gouvernement de rester plus longtemps dans cette fiction.

L'amortissement ne peut avoir d'effet véritable que lorsqu'il opère avec des excédants de recettes. Or, aujourd'hui, point d'excédants, et s'il doit y en avoir un jour, ce qui me paraît probable avec le

---

(1) Depuis la rédaction de ce Mémoire, on a rendu 40 millions à l'amortissement dans les budgets de 1859 et 1860.

Nota. On a dû les reprendre depuis pour couvrir le déficit provenant des dégrèvements de douane. — (Octobre 1860.)

développement naturel de la fortune publique, on peut leur donner, comme je l'indiquerai plus loin, une autre et plus utile affectation que celle de l'amortissement ordinaire.

On comprend que le principe de l'amortissement soit maintenu et qu'on désire le voir en exercice, lorsque l'État n'a rien à opposer à l'accroissement de la dette publique : car à toute dette il faut un contre-poids et des moyens d'extinction.

Sans doute, à défaut de l'amortissement ordinaire, on a encore, pour réduire successivement la dette, la voie de la conversion, lorsque le taux du crédit le permet. Le Gouvernement a déjà usé de cette faculté pour l'ancien 5 0/0, et il est probable qu'il en pourra user encore pour le nouveau 4 1/2, lorsque le délai de faveur sera expiré ; mais ce n'est là qu'un moyen exceptionnel, qui a ses limites nécessaires, et auquel on ne peut pas toujours recourir.

Il serait imprudent de faire reposer sur une base semblable l'extinction future, ou même la diminution sérieuse de la dette de l'État. Il faut donc un moyen plus énergique, plus efficace, qui agisse constamment, et qui, comme l'amortissement, arrive sinon à éteindre la dette publique, au moins à la neutraliser, ce qui revient au même.

Ce moyen existe. Il est fourni par un ensemble de propriétés que possède l'État ; je veux parler des concessions d'entreprises industrielles devant faire retour au Gouvernement après un certain laps de temps, et notamment de la nue propriété des entreprises de chemins de fer.

Au *Grand-Livre de la dette publique*, nous opposerons donc le *Grand-Livre des nues propriétés de l'État*.

La dette publique de l'État, en dehors de la réserve de l'amortissement qu'on supprimerait, s'élève, à l'heure où j'écris, pour les divers fonds, en arrérages, à 280 millions, et, en capital (à 3.78 0/0, taux moyen de la dette constituée), à 7 milliards 390 millions.

Il faut arriver successivement à équilibrer cette dette par des valeurs correspondantes, de façon qu'à un moment donné, à 7 ou 8 milliards d'emprunts consolidés, on puisse opposer 7 ou 8 milliards de propriétés réelles.

Or rien n'est plus facile.

En effet, le système de la garantie d'intérêt appliqué aux grandes entreprises d'utilité publique a en, entre autres avantages, celui de permettre, sans inconséquence et sans injustice, au Gouvernement de la France, de n'accorder que des concessions temporaires de chemins de fer, contrairement à ce qui se passe dans les pays (l'Angleterre et l'Amérique en particulier) où les concessions sont perpétuelles.

Ainsi se constitue, au profit de l'État, la plus riche caisse d'épargne qui existe dans le monde.

Il y a là un fonds de réserve dont l'action, réglée par le temps comme la marche du soleil, doit infailliblement, à une époque donnée, mettre à la disposition de l'État un énorme capital!

C'est ce que nous nous proposons de démontrer, à l'appui de notre proposition de l'*amortissement de la dette publique par voie de compensation*.

L'ensemble du réseau concédé en 1857 s'élevait à 16,350 kilomètres, dont 8,700 kilomètres seront en exploitation le 1er février 1859.

Le capital dépensé ou à dépenser pour la totalité du réseau est évalué à 5 milliards 750 millions.

Ce n'est pas exagérer, mais au contraire rester au-dessous de la vérité, que d'estimer à 20,000 kilomètres et à 8 ou 9 milliards de francs l'importance du réseau des chemins de fer français dans quinze ou vingt ans d'ici.

Les concessions sont uniformément de quatre-vingt-dix-neuf ans; la plupart sont déjà entamées de plusieurs années; néanmoins, pour faciliter le calcul, nous supposerons qu'elles ont les unes et les autres cent ans de durée, bien que cette supposition fasse disparaître, au détriment de notre proposition, des avantages importants, dès à présent acquis à l'État.

Soit donc le réseau : 20,000 kilomètres.

Le produit brut en 1857 a été de 45,249 fr. par kilomètre (1).

Le produit net a été de 26,000 fr. par kilomètre, déduction faite de 43 0/0 environ pour frais d'exploitation.

Pour rester toujours au-dessous de la vérité, supposons que le revenu brut du réseau entier tombera à 32,000 fr. par kilomètre ; que les frais d'exploitation, qui vont toujours en diminuant, se maintiendront à 12,000 fr. par kilomètre, soit environ 40 0/0 : le revenu net alors sera de 20,000 fr. par kilomètre, et donnera pour le réseau entier une recette de 400 millions par année. C'est de cette somme de 400 millions que l'État entrerait en jouissance dans un siècle.

Chaque année écoulée rapprochera le moment de l'entrée en jouissance d'*un pour cent,* et la dette publique se trouvera de fait amortie, par voie de compensation, d'une somme correspondante.

Ainsi, la dette publique consolidée étant de 280 millions de rentes, au capital nominal de 7 milliards 400 millions (je prends des chiffres ronds pour la facilité des calculs), chaque année écoulée pour l'usufruit des Compagnies équivaut pour l'État à *un centième* du produit total du réseau, soit

---

(1) Descendu en 1858 à 44,398 fr., il se relèvera, en 1859, à 45,000 fr. environ.

4 millions de francs de rentes, au capital de 107 millions.

De sorte qu'après la soixante-dixième année, la dette publique de 280 millions sera éteinte ou compensée, ce qui est la même chose (1); et toutes les années ultérieures produiront pour l'État un bénéfice au delà du montant de la dette publique, excédant qui, au moment de l'entrée en jouissance de la nue propriété des chemins de fer du réseau français, ne sera pas moindre de *cent vingt millions annuels*.

Donc, par la seule force des choses, dans cent ans, l'État aura éteint ou compensé sa dette de 280 millions, et recevra en outre 120 millions en excédant, soit un total de 400 millions, égal au revenu présumé du réseau au moment de la prise de possession par l'État (2).

En présence d'un tel résultat, résultat certain au

---

(1) La dette publique s'est accrue des rentes créées par le dernier emprunt, et l'amortissement par voie de compensation se trouvera naturellement prolongé d'un nombre d'années correspondant.

(2) Rien ne serait plus facile que d'établir un tableau indiquant, chaque année, la somme dont la dette publique se trouverait compensée : ce serait là la vraie table d'amortissement de la dette consolidée.

Le budget entrera en possession, en 1960, d'un capital d'au moins 8 milliards à 4 0/0, de 10 milliards à 5 0/0, soit de 400 millions de revenus annuels.

bout d'un siècle, à quoi bon s'inquiéter aujourd'hui d'amortir *réellement* la dette ?

A quoi bon surtout, si la création d'une caisse d'encouragement des travaux publics (institution dont il sera parlé plus loin), venant énergiquement en aide à l'industrie privée, contribuait à multiplier les travaux, à étendre le réseau des chemins de fer, et par conséquent à donner plus de puissance encore à l'amortissement par voie de compensation ?

Ce système est simple, facile à mettre en action et de plus très-efficace. Il est plus efficace que l'amortissement ordinaire, en ce que celui-ci, n'opérant qu'avec des excédants de recettes, est forcément irrégulier, tandis que l'amortissement par voie de compensation agit constamment et régulièrement.

Contestera-t-on cette efficacité ? Dira-t-on qu'un système qui consiste à opposer à la dette publique un capital d'évaluation non réalisable à chaque période où l'on évalue n'est pas un amortissement successif et réel ?

Cet amortissement est *successif*, en ce qu'il agit chaque année et par progression, en ce que, chaque année, une valeur plus forte en nue propriété de l'État peut être opposée à un capital plus fort de la dette publique.

Il est *réel*, parce que, pour la dette publique, il n'est pas nécessaire, comme pour la dette d'un particulier, d'avoir, à un jour donné, un capital tout prêt. La dette de l'État n'est jamais *exigible*. L'État n'est tenu que d'en payer exactement les arrérages. Or, le payement exact des arrérages, à moins de ces catastrophes terribles qui déjouent tous les systèmes, est surabondamment garanti par le développement de la richesse générale.

Que faut-il de plus? Il faut que l'opinion publique voie que la dette de l'État n'est pas sans contrepoids, qu'elle a un équivalent dans un actif réel qui s'accroît chaque année. Peu importe que cet équivalent ne soit pas réalisable immédiatement. Il est inutile qu'il le soit, en face d'une dette qui n'a pas d'échéance. La certitude d'arriver un jour au moment où, les concessions de chemins de fer étant expirées, l'État aura plus de 400 millions de revenu net à opposer à 280 millions de dette, cette certitude suffit pour maintenir intact le crédit de l'État (1).

Dira-t-on enfin que, lorsque l'État entrera en jouissance des chemins de fer, il aura autre chose à faire que d'en tirer un revenu, comme les Compagnies concessionnaires; qu'il devra abaisser les prix de transport au niveau des frais d'exploitation;

---

(1) La hausse du 3 0/0 à 86 fr., en 1853, époque où sommeillait l'amortissement, prouve que la régularité du payement des arrérages suffit, en temps ordinaire, à l'élévation progressive du crédit public.

que les exigences de l'opinion publique lui en feront
une loi?

Je ne crois pas qu'on puisse se placer sérieusement sur ce terrain. Les générations futures n'ont
pas plus le droit de jouir gratuitement des chemins
de fer que la génération actuelle. Une partie de la
dette publique a été contractée pour l'exécution de
ces grands travaux, et si l'avenir doit en profiter
aussi bien que le présent, il est juste qu'il prenne
sa part des charges. D'ailleurs, ces charges seront
entièrement éteintes et au delà dans cent ans, et
l'on aurait prévenu les exigences de l'opinion en
donnant à l'avance une affectation spéciale aux droits
que possède l'État dans les concessions de chemins
de fer.

Un autre avantage du système proposé, c'est que,
tout en neutralisant la dette publique, c'est-à-dire
en opposant à un moment donné un actif supérieur
au passif, il la laisse cependant subsister. Or, tout
le monde reconnaît que, dans un grand État comme
la France, où de nombreuses épargnes se réalisent
chaque année, l'existence d'une certaine dette publique est nécessaire. Elle offre un mode de placement sûr et facile aux capitaux qui ont besoin de se
fixer, et de plus, elle sert de thermomètre au crédit
en général.

Je cherche de bonne foi d'autres objections, et je
n'en trouve pas de sérieuses. On ne comprendrait

4.

pas que l'État, qui possède dans les concessions de chemins de fer des propriétés réelles et parfaitement évaluables, n'en profitât pas *dès aujourd'hui* pour la garantie de son crédit, au lieu de maintenir chaque année au Grand-Livre de la dette publique une dotation qui n'a plus d'effet, et de conserver ainsi une fiction inutile, fâcheuse, et qui, trop prolongée, deviendrait presque ridicule.

Il faut prendre son parti de la réalité, et supprimer par une loi ce qui est déjà supprimé par le fait. Le budget y gagnera au moins d'être débarrassé de charges qui le font paraître de plus en plus lourd, et l'on n'y verra plus figurer à la fois à la recette et à la dépense 123 millions qui n'ont d'autre résultat que d'élever à 1,765 millions un budget qui en réalité ne devrait pas dépasser 1,642 millions.

Il n'est pas besoin d'insister sur les avantages d'un budget réduit, même en apparence. L'opinion publique sera satisfaite, et le crédit de l'État s'en trouvera bien.

II

Le système d'amortissement de la dette publique par voie de compensation se complète par la création d'une *Caisse d'encouragement des grandes entreprises d'utilité publique par voie de subventions et de garantie d'intérêt.*

Maintenant que nous croyons avoir justifié la suppression de l'amortissement par la voie ordinaire, maintenant que nous avons mis en dehors des charges de la dette publique l'obligation du rachat, rien ne paraît plus facile, et nous ajouterons plus utile, que la création de cette caisse d'encouragement des travaux publics.

Si la France jouit aujourd'hui d'une prospérité exceptionnelle, elle le doit à ces grands travaux d'utilité publique qui se sont accomplis dans le passé, qui s'accomplissent tous les jours, et qui s'accompliront de plus en plus sous l'impulsion habile et prévoyante du Gouvernement actuel. C'est grâce à ces travaux féconds que la fortune de ce pays s'élève progressivement d'année en année, sans qu'on puisse mesurer la limite où elle s'arrêtera. Et cependant, malgré la volonté du Gouvernement, malgré les bonnes intentions de tout le monde, on sait aussi qu'en face des nécessités pressantes du budget, lorsque des circonstances extraordinaires se présentent, le chapitre qu'on est toujours le plus porté à réduire pour maintenir l'équilibre entre la recette et la dépense, c'est celui des grands travaux d'utilité publique.

Ce chapitre, qui s'est élevé jusqu'à 200 millions en 1847, qui était encore de 150 et 100 millions il y a quelques années, est descendu au-dessous de 20 millions dans le budget de 1858. Serait-ce qu'il n'y a plus rien à faire pour l'État? Sommes-nous à la fin de ces grands travaux qui ont porté si haut la fortune de la France? Personne n'oserait le prétendre. Il y a encore beaucoup à faire en entreprises de toute nature. Pour ranimer l'essor de l'activité industrielle, bien affaiblie depuis quelque temps, et pour donner aux affaires l'impulsion que l'on attend toujours du Gouvernement, la création d'une caisse comme celle que nous demandons serait d'une efficacité sérieuse. D'ailleurs, rien ne répondrait mieux au besoin de rassurer l'opinion publique sur les craintes de guerre, et au sentiment de l'Empereur, qui aime à encourager les entreprises fécondes, et qui se sent souvent arrêté dans ses intentions généreuses par le danger de déranger l'équilibre du budget. Il n'en serait plus ainsi lorsqu'on posséderait, pour l'encouragement de ces entreprises, une caisse spéciale qui aurait une destination exlusive, avec un budget propre.

Voici quelles seraient les ressources de ce budget spécial, qui ne ferait ni obstacle ni concurrence au budget des travaux publics exécutés par l'État, et dans lequel, au contraire, l'administration des ponts et chaussées pourrait, en certains cas, puiser des ressources importantes.

1° Les rentes appartenant à la caisse d'amortissement, rentes provenant de la consolidation successive de la réserve.

Si on supprime la dotation de l'amortissement, il n'est pas nécessaire de supprimer sa réserve, et on peut la maintenir avec d'autant plus de justice, au profit de la nouvelle caisse d'encouragement, que celle-ci est destinée à créer de nouvelles richesses devant servir elles-mêmes d'amortissement.

2° Les revenus provenant des clauses de partage avec diverses compagnies de chemins de fer.

Cette clause de partage, qui ne produit rien encore aujourd'hui, parce que le partage n'a commencé pour aucune ligne, sera bientôt la source d'un revenu assez notable, destiné à s'accroître indéfiniment.

3° Les droits que payait jadis l'administration des postes pour le transport des dépêches.

L'administration des postes s'est affranchie de ces droits en imposant le transport gratuit de ses dépêches aux Compagnies de chemins de fer. Pourquoi ne pas faire tourner le produit de cet impôt au profit des entreprises d'utilité publique? La source en indique la destination.

4° Les sommes provenant de l'impôt de surveillance et de contrôle à payer à l'État par les Compagnies.

Les mêmes raisons que ci-dessus existent pour l'application de ces sommes à la caisse d'encouragement.

5° *Le bénéfice annuel provenant d'une conversion en rentes des actions des canaux.*

C'est une mesure financière qu'on pourrait accomplir utilement, et qui donnerait un profit net annuel d'environ cinq millions (1).

6° *Enfin l'excédant des recettes du budget,* quand excédant il y aura.

Rien ne serait plus naturel et plus légitime que d'affecter à la caisse d'encouragement et les revenus provenant des chemins de fer eux-mêmes, et les sommes provenant de l'excédant des recettes du budget de l'État. Puisque cette caisse serait devenue la source de l'amortissement nouveau, il y aurait utilité à l'enrichir; car plus elle serait riche, plus l'amortissement s'opérerait rapidement, plus on aurait de revenus à opposer un jour à la dette publique, et plus on serait en mesure d'encourager de nouvelles créations.

7° *Le bénéfice annuel que ferait l'État par le rachat au cours du 2 1/2 des Compagnies, que celles-ci amortiraient au pair entre ses mains.* (Voir plus loin les développements de la proposition relative à la création du 2 1/2 des Compagnies.)

---

(1) Cette mesure, qui a occupé l'attention de feu M. Bineau, n'aurait plus aujourd'hui la même importance, à cause des années écoulées depuis.

Il ne peut y avoir d'objection contre aucune des affectations proposées.

Avec les ressources produites par ces affectations, on pourrait, dès la première année, répondre aux besoins les plus pressés. Ce budget s'accroîtrait avec le temps, et dans quelques années la clause de partage produirait des sommes importantes. Enfin, avec le progrès certain de la fortune publique, il n'est pas téméraire d'espérer qu'on arriverait à des excédants de recettes, et que la caisse d'encouragement, enrichie par ce nouvel élément, atteindrait un jour 100 millions.

100 millions annuels! Voilà, dans nos idées, quelle devrait être et quelle pourra être la dotation normale de cette caisse pour faire face :

En premier lieu et avant tout, aux déficits qui pourraient se produire dans les budgets, afin de les maintenir toujours en équilibre ;

2° Aux charges éventuelles provenant des garanties d'intérêt accordées aux entreprises d'utilité publique ;

3° Aux subventions à donner à des entreprises nouvelles.

Pour rendre ma pensée en un mot, qu'on trouvera peut-être vulgaire, mais qui est juste, la caisse de dotation des travaux publics serait la *tirelire* de l'État, dans laquelle on viendrait puiser quand des déficits répétés du budget auraient trop alourdi la dette flottante, et dans laquelle on verserait, pour les faire fructifier, les excédants de recettes que la prospérité publique et une bonne administration des finances pourraient ramener. Enfin, si la caisse devenait trop riche pour ses propres besoins, rien n'empêcherait qu'on n'affectât annuellement le trop-plein au rachat effectif de la dette.

Ainsi le système se résume en trois points :

Extinction et annulation immédiate de la dotation de l'amortissement ;

Création d'un nouveau mode d'amortissement de la dette publique, sans charge ni actuelle ni future pour le Trésor public ;

Fondation d'une caisse de dotation et d'encouragement des entreprises d'utilité publique, richement dotée chaque année. . . . .

NOTE COMPLÉMENTAIRE.

(Mai 1857.)

Je veux, par cette note complémentaire, tâcher de répondre aux objections que rencontre le système nouveau d'amortissement de la dette publique par voie de compensation avec les valeurs que possède déjà et que possédera plus tard l'État.

On dit d'abord que ce n'est point un amortissement *efficace et réel :* ce sont les termes du rapport de la commission législative pour le dernier budget faisant allusion aux nouveaux systèmes d'amortissement.

Qu'entend-on par *efficace?* Si on entend que le mode dont il s'agit ne fournit point de valeurs nouvelles dont on puisse se servir immédiatement pour alléger le poids de la dette publique, cela est incontestable. Je n'ai pas la prétention de créer des richesses qui n'existaient pas auparavant, et je ne connais pas de système qui ait ce privilége. J'ai seulement voulu montrer, et c'est là toute mon ambition, que, pour répondre aux charges de la dette publique qui s'accroissent sans cesse, l'État possédait des contre-valeurs qui s'accroissaient aussi chaque année, et qu'il était possible, qu'il était rationnel d'opposer les unes aux autres par voie de compensation.

On dit encore que ce système n'est en définitive qu'une *démonstration*. Soit, j'accepte cette appréciation, et je demanderai alors ce qu'est le budget de l'État auquel on attache avec raison une si grande importance. Est-il autre chose que la *démonstration* du bon ou mauvais état des finances, que le constatation des ressources correspondantes aux dépenses, et ne se tient-on pas pour satisfait le jour où on peut montrer que l'équilibre est complet entre les unes et les autres? Cependant, on n'a pas plus que moi créé de valeurs nouvelles; on a fait emploi de celles qui existaient, on les a mises en regard des charges, et on a compensé les unes par les autres. C'est là l'unique élément du crédit de l'État, favorable lorsque la démonstration accuse un excédant de ressource, défavorable lorsqu'elle accuse un déficit.

Mon système ne repose pas sur un autre principe. Il démontre que le chapitre de la dette publique n'est pas sans compensation, qu'on a des valeurs réelles à y opposer, et que dans un temps donné, facile à préciser dès à présent, l'État, sans être privé de la disponibilité des fonds que dans l'ancien système il était obligé de consacrer au rachat de la dette publique, l'État, dis-je, verra cette dette éteinte, ou, ce qui est tout à fait la même chose, compensée par des valeurs équivalentes. Que peut-on demander de plus? L'État n'est-il pas aussi bien libéré par une dette compensée que par une dette annulée? L'existence du crédit tient non pas à ce que la dette soit facilement remboursable, mais à ce que le développement de la richesse publique soit proportionnel à l'accroissement de la dette, en un mot, à ce que le gage sur lequel elle repose se développe avec elle.

L'Angleterre est de tous les pays de l'Europe celui qui a la dette la plus considérable, et cependant c'est celui qui jouit du crédit le plus étendu. S'inquiète-t-on de savoir si le Gouvernement est en état de rembourser les *dix-huit milliards* environ qui forment sa dette aujourd'hui? Pas le moins du monde! On ne s'inquiète pas davantage de l'action de l'amortissement, qui a, du reste, été supprimée complétement en 1829, sauf en cas d'excédants de recettes. On ne considère qu'une chose, c'est qu'avec le développement incessant de la richesse publique, le gage sur lequel repose cette dette devient de plus en plus solide. Depuis la paix de 1815, l'Angleterre a amorti à peine, tant par le système ordinaire jusqu'à sa suppression, que par voie de conversion, le dixième de sa dette; mais les neuf autres dixièmes ont été plus que compensés par la création de valeurs nouvelles, et c'est là le secret du crédit excep-

tionnel dont elle jouit, et qui fait que son 3 0/0 est
à 96 lorsque le nôtre est à 70.

Cet exemple doit nous rassurer et nous convaincre
que le crédit d'un État n'est pas attaché au rachat
successif de sa dette, mais à la solidité et à l'augmentation du gage sur lequel elle repose. Sous ce
rapport, quel gage plus sûr et plus susceptible d'augmentation peut-on lui donner que le revenu net des
chemins de fer qui appartiendront un jour à l'État?
Chaque année, par la force des choses, les revenus
des Compagnies de chemins de fer augmentent; et
chaque année aussi on se rapproche du moment,
fixé dans tous les actes de concession, où ces produits appartiendront exclusivement à l'État, sans
autre défalcation que les frais d'exploitation.

Voici comment, ainsi que je l'ai dit, s'opérerait
l'action progressive de ce nouveau système d'amortissement par voie de compensation.

Toutes les concessions de chemins de fer ayant
été généralement faites ou prorogées pour un délai
de quatre-vingt-dix-neuf ans, on calculerait la proportion déjà acquise à l'État dans le revenu de chaque
chemin d'après la date de sa concession, et on ca-
pitaliserait le revenu comme on fait pour toutes les
nues propriétés, avec cette différence que, comme
on n'a pas besoin d'une réalisation immédiate, on
pourrait capitaliser au même taux que la rente.

La dette publique s'élève aujourd'hui en arrérages, en dehors du fonds d'amortissement, à 280 millions, représentant un capital nominal de 7 milliards 390 millions sur le pied de 3 fr. 78 c. 0/0.

A partir de 1860, époque où le délai de quatre-vingt-dix-neuf ans courra pour toutes les concessions, il n'est pas téméraire de supposer que le revenu du réseau concédé s'élèvera au chiffre que nous avons indiqué dans le précédent mémoire. Le centième de ce revenu viendra, chaque année, s'ajouter à l'actif de l'État en regard de son passif, et ceci, sans tenir compte de l'augmentation naturelle que donnera le développement de la richesse publique, sans tenir compte non plus des nouvelles concessions dont les produits pourront servir à compenser l'accroissement de la dette ; de sorte qu'à la fin de toutes les concessions, dans une période moyenne de quatre-vingt-quinze ans à partir de 1860, l'État aura à opposer aux arrérages de sa dette publique un revenu net au moins équivalent. Par conséquent, si la dette n'est pas éteinte, elle cessera au moins de peser sur les contribuables ; elle sera compensée, et beaucoup au delà, par un revenu spécial et ayant reçu d'avance cette affectation.

Mais ce n'est pas seulement à cette époque que l'action de l'amortissement par voie de compensation produira son effet ; elle le produira chaque année ; chaque année, il y aura une partie nouvelle de la dette compensée par la création d'une contre-valeur, et si on admet, comme on doit le faire, que le crédit de l'État est autant subordonné à l'extension et à la garantie du gage qu'au rachat successif de la dette, on demeurera convaincu que le système que je propose est très-sérieux et répond à tous les besoins.

Il répond au besoin de l'amortissement, puisqu'il oppose un actif à un passif, et qu'il diminue chaque année le poids de la dette publique d'une portion équivalente au droit acquis à l'État sur une affectation spéciale.

De plus, il laisse subsister la dette, et j'ai démontré dans ma note précédente que l'existence d'une dette publique, considérée au point de vue du crédit en général, offre plus d'avantages que d'inconvénients.

Dira-t-on que cette diminution de la dette publique par l'augmentation d'une contre-valeur non réalisable immédiatement n'est qu'une fiction ? Je répondrai que cette prétendue fiction vaut encore mieux que le système actuel, qui n'agit pas, et qui, avec les besoins pressants du Trésor, ne nous paraît pas destiné à agir de longtemps, au moins complétement. L'emploi même du fonds d'amortissement indique quelle est la voie à suivre pour pourvoir à son remplacement. Puisqu'il est destiné, sous forme de budget extraordinaire, aux grands travaux d'utilité publique, n'est-il pas rationnel d'affecter le produit de

ces travaux à compenser les charges que le détournement du fonds d'amortissement laisse subsister?

Dans l'état actuel des choses, le fonds de l'amortissement est détourné sans compensation pour la
dette publique. Dans le nouveau système, il sera encore détourné, mais au moins ce détournement aura
le résultat qu'il doit avoir, en créant des valeurs de
compensation.

On ne peut, dans le système ordinaire, rétablir
l'action de l'amortissement qu'en supprimant la dotation des travaux extraordinaires, c'est-à-dire en
arrêtant l'essor de la prospérité du pays. C'est un
mal auquel on ne se résigne jamais qu'avec regret.
Dans le nouveau système, au contraire, les choses
sont rendues à leur cours naturel, l'amortissement
fonctionne par voie de compensation, et le fonds qui
lui est destiné sert lui-même à cette compensation.

Du reste, il ne faut pas s'abuser sur les différences
qui semblent exister entre l'ancien système d'amortissement et celui que je propose. La dette n'est pas
annulée parce qu'elle a été rachetée avec les fonds
de l'amortissement; elle subsiste toujours, seulement les arrérages, au lieu d'être payés à des tiers,
le sont à la Caisse d'amortissement elle-même, ce
qui augmente la réserve, et par suite son action.
On ne peut opérer d'annulation partielle qu'en diminuant d'autant cette action. Il faut donc, pour
être fidèle au principe, pour conserver à l'amortis-

sement toute sa force, laisser la dette subsister en entier jusqu'à complet rachat. Or, dans ce cas, je ne trouve pas de différence essentielle entre l'ancien système et le nouveau pour la diminution effective de la dette publique ; elle continue à subsister dans les deux systèmes, seulement les acquisitions de rente de l'ancien sont remplacées dans le nouveau par des valeurs équivalentes. Au fond, le résultat est le même, avec cette différence pourtant, à l'avantage du nouveau système, qu'il ouvre une voie éminemment praticable, que l'amortissement ne peut plus être suspendu, et que les travaux publics ont leur dotation assurée.

En résumé, le système d'amortissement par voie de compensation est efficace et réel : — efficace en ce sens qu'au passif de la dette de l'État il oppose les valeurs positives que l'État possède ; — réel autant qu'il peut l'être, plus réel que l'ancien système, en ce sens que l'État est aussi bien libéré par la possession de revenus équivalant à sa dette que par l'extinction de cette dette elle-même. C'est une démonstration, dit-on. — Soit ! C'est la démonstration qu'il y a un équilibre possible à établir entre le passif de l'État et son actif. Le crédit public n'a pas besoin d'autre chose.

NOUVELLE NOTE COMPLÉMENTAIRE

SUR LA QUESTION DE L'AMORTISSEMENT.

———

Octobre 1860.

Marche actuelle de l'amortissement.

La dette publique est de. .   312 millions de rentes
au capital nominal de. . . .   8 476,000,000
La dotation régulière de
l'amortissement pour amortir
la dette en 100 ans suppose
la nécessité d'une annuité
d'environ 10 cent., soit. . .   8 1/2 millions annuels.

———

Total de la somme à inscrire
au budget pour intérêt et amor-
tissement de la dette en 100 ans   320 1/2 millions annuels.

Moyennant cette annuité servie régulièrement pendant
cent ans, dans un siècle la dette serait éteinte, amortie
en totalité.

Donc, à partir de 1960, le pays serait dégrévé de la
charge qui aurait pesé pendant un siècle sur chaque

5.

budget annuel ; ci. . . . .   320 millions.

A la même époque, en 1960, l'État
entrant en possession des chemins de fer
dont les concessions seraient expirées, il
recevrait en outre leurs revenus nets,
évalués au plus bas à. . . . .   400 millions.

Total. . . . .   720 millions,
dont les générations futures seraient enrichies aux dépens
du présent.

Voilà le résultat réel de l'application du principe
de l'amortissement actuel effectué de manière à
éteindre la dette en cent ans. Or, ce résultat est
monstrueusement avantageux à l'avenir au détriment du présent, tellement que, si cela était possible,
ce serait le contraire qu'il faudrait faire, afin de ré-
partir équitablement les charges : on devrait escomp-
ter à l'avenir, pour dégréver le présent, une partie
des avantages dont il entrera en possession lors de
l'expiration des concessions de chemins de fer.

Comme cela n'est pas possible, et qu'il faut d'ailleurs sagement prévoir les charges que le temps et
les circonstances amènent nécessairement avec eux,
bornons-nous à ce que je demande, — qu'on ne
charge pas le présent pour empêcher l'avenir de
continuer à payer la dette publique que nous payons
nous-mêmes : — l'avenir, à qui le présent léguera
une nue propriété qui ne vaudra pas moins de 4 ou

500 millions de revenus annuels, et dont le présent
a fait les frais d'acquisition !

Quant à l'objection souvent présentée : Peut-on
faire aucun calcul sur un espace aussi éloigné que
cent années ? — Je réponds que la durée des États
est autre que celle des individus, et je n'en veux
pas d'autre preuve que celle de la dette publique,
qui est une dette *perpétuelle*, tant qu'elle n'est pas
rachetée ou remboursée.

Donc, on peut parfaitement opposer à une dette
non exigible ou perpétuelle une sérieuse créance,
fût-elle à très-long terme, comme les nues propriétés
de chemins de fer.

Oui sans doute, un État doit songer à éteindre,
avec ses excédants de recettes dans les temps pros-
pères, les dettes contractées dans les temps mal-
heureux ; mais il n'est pas obligé de le faire, et il
peut donner un meilleur emploi à ses économies,
quand il a pour contre-balancer sa dette une nue
propriété incontestable et d'une valeur qui doit dépasser un jour sa dette tout entière.

En effet, si les choses pouvaient être exactement
en 1960 ce qu'elles sont en 1860, — et on peut se
le figurer par la pensée, — avec mon système, l'État
hériterait tout d'un coup, à cette époque, de 400 millions de revenus annuels ; dans le système d'un amortissement réel, effectif, il hériterait de 720 millions !

Je trouve que nos neveux seront assez favorisés

par un dégrèvement subit de 400 millions annuels,
et qu'il n'est pas nécessaire de les affranchir en
outre de la dette dont une partie a été contractée à
leur profit. J'aimerais mieux employer ces excédants
de recettes à des travaux publics que nous leur lé-
guerions aussi, mais dont au moins nous jouirions
comme eux; — c'est le moins, il me semble, que
nous puissions faire, sans être injustes envers le
présent.

On a fait une autre objection : — Les économies
obtenues par la suppression de l'amortissement, dé-
tournées de leur destination, seront perdues, a-t-on
dit, l'État étant toujours disposé à faire des dépenses
et non des épargnes auxquelles il n'est pas obligé.—

L'objection est spécieuse, j'en conviens. Cependant, pour qui voudra y regarder de près, elle est
peu solide. En effet, tout gît dans l'emploi qu'on
fera des ressources prises à la dotation de l'amortissement. J'ai cherché à établir, et j'ai la conviction
d'être dans le vrai, que l'usage le plus productif à
faire des excédants de recettes, quand excédant il
y aura, c'est de les appliquer aux travaux féconds
des voies de communication. Je crois avoir démontré que cela vaut mieux que de racheter une dette
en regard de laquelle il suffit d'avoir une contre-
partie solide et croissante, et cette contre-partie est
créée tout à la fois par le développement de la
prospérité publique et par les nues propriétés que

de nouveaux travaux tendront toujours à accroître.

Que si, nonobstant ce qui précède, on insistait sur l'idée qu'il sera fait un mauvais emploi des ressources mises par la Caisse de dotation des travaux publics à la disposition du Gouvernement, nous répondrions que ce serait là un de ces actes de mauvaise administration que les pouvoirs de l'État ont toujours mission d'empêcher. L'abus, sans doute, est possible en toute chose; mais qu'il se perpétue, en dépit des protestations de l'opinion publique et avec la connivence de ceux qui sont chargés de le réprimer, c'est ce que personne ne saurait raisonnablement admettre aujourd'hui. Comme toutes les folies, le gaspillage n'a qu'un temps, et il a d'autant moins chance de durer, qu'il choque plus violemment le bon sens et les saines notions de l'économie sociale. A raisonner autrement, autant vaudrait dire que le crédit public n'est pas un bien, parce qu'on peut mal employer les capitaux qu'avec son aide on se procure. . . . .

Ce raisonnement ne soutient pas la discussion.

MEILLEUR MODE D'EMPRUNT

POUR LES GRANDES COMPAGNIES DE CHEMINS DE FER.

J'ai été frappé depuis longtemps des inconvénients et des dangers inhérents à cette fabrication continuelle d'obligations en petites coupures, qui fait créer des montagnes de papier couvert de signatures, oblige, pour les tirages au sort, à des formalités embarrassantes, et entraîne une multitude de soins, en exposant les Compagnies à de fréquentes erreurs (1).

Aussi, dès 1853, avais-je demandé qu'il fût créé un grand-livre où serait inscrite en rentes 3 0/0, dans chaque Compagnie, la dette constituée par elle, comme procède l'État pour ses propres besoins. M. Bineau, alors ministre des finances, avait donné

---

(1) Les obligations déjà émises par là seule Compagnie d'Orléans ont entraîné la création de 3,223 registres à souche, contenant chacun 500 feuilles.

Ce nombre serait certainement plus que doublé, d'ici à quelques années, par les émissions qui restent à faire.

Toutes les autres Compagnies sont dans le même cas. Qu'on juge donc des masses de papier que le système actuel oblige de créer, et des embarras inextricables qu'il entraîne à sa suite.

à ce projet un assentiment qu'il retira presque aussitôt. Pourquoi? Je l'ignore.

Aujourd'hui que les Compagnies ont acquis une si grande importance, qu'elles sont devenues de véritables auxiliaires de l'État pour la grande œuvre des communications ferrées ; aujourd'hui que leur dette a pris une extension qui tend sans cesse à s'accroître ; que le public est saturé d'obligations, ce qui a entraîné la nécessité de les négocier jusqu'au prix humiliant autant qu'onéreux de 260 fr. (soit de 52 fr. pour du 3 0/0 remboursable au pair); aujourd'hui, enfin, qu'il faut pourvoir aux nombreux travaux restant à exécuter, je vais plus loin et je dis :

Il ne suffit pas d'autoriser chaque Compagnie à ouvrir un grand-livre pour l'inscription de sa dette future ; il faut que l'État emprunte pour elles, leur prête son crédit, comme il l'a fait naguère avec tant de bonheur pour les premiers travaux, quand il accordait libéralement la garantie d'intérêt à des entreprises dont le succès n'était qu'espéré, tandis qu'à présent ce succès est réalisé et annule de fait toutes les garanties accordées.

Il est admis que les Compagnies ne sont pas seules à souffrir des conditions onéreuses auxquelles, dans la forme actuelle, elles sont condamnées à faire leurs emprunts. S'il est une vérité reconnue, c'est que le crédit public est devenu solidaire de celui des Compagnies, et que le véritable obstacle à la reprise des cours de la rente, c'est l'avilissement des titres émis par les Compagnies.

S'il en est ainsi, pourquoi l'État, dont le crédit est relativement si supérieur, n'emprunterait-il pas pour elles?... Il se rendrait service à lui-même, en même temps qu'aux Compagnies. Et d'ailleurs, aujourd'hui que, grâce à Dieu et à la sagesse de l'Empereur, les guerres sont finies (les guerres, pour lesquelles on a emprunté 2 milliards 100 millions en quatre ans!), pourquoi l'État n'emprunterait-il pas aussi pour les travaux de la paix? Méritent-ils moins l'intérêt du Gouvernement? Oh! oui, quand le drapeau de la France est engagé dans une lutte nécessaire, aucun sacrifice ne doit coûter pour en sortir honorablement; mais quand le besoin du repos règne dans l'Europe entière, pourquoi ce puissant levier du crédit ne serait-il pas employé aux bienfaisants et féconds travaux de la paix?...

Dira-t-on que cela ne s'est pas fait jusqu'à présent? Qu'importe? Pourquoi, comme pour la garantie d'intérêt, l'Empereur ne donnerait-il pas l'exemple au monde, en prenant l'initiative de ce progrès véritable? Ce serait une révolution dans le système économique des nations, et il serait glorieux que la France, après avoir fait voir sa puissance dans

la guerre, manifestât aussi et de plus en plus sa.
puissance dans la paix. Il appartient à Napoléon III
de réaliser ces belles paroles du chef de sa race :
« J'ai fait consister la gloire de mon règne à changer
» la face du territoire de mon Empire. L'exécution
» de ces grands travaux est aussi nécessaire à l'in-
» térêt de mes peuples qu'à ma propre satisfac-
» tion (1). »

Certainement, cette nouvelle appropriation du
crédit public, dont la puissance resta toujours igno-
rée de Napoléon Ier, fournirait à l'Empereur les
moyens de faire les grandes choses conçues par son
glorieux prédécesseur, et d'accomplir en son entier
l'œuvre de civilisation si énergiquement et si heureusement entreprise au commencement de ce siècle.

Quels inconvénients pourrait-il en résulter ? —
Aucun.

Évidemment, les Compagnies sont en mesure (et
bien au delà, puisque les dividendes acquis aux actionnaires et les produits des nouveaux chemins sont
affectés par privilége aux emprunts, déjà garantis
en très-grande partie par l'État); les Compagnies,
dis-je, sont et seront de plus en plus en mesure de
couvrir le Trésor des semestres et des remboursements annuels qu'il aurait à payer pour elles. Cette

(1) Lettre de l'Empereur Napoléon Ier à son ministre Decrès
(1807.)

dette ne figurerait donc au budget, en recettes et en dépenses, que *pour mémoire.*

Quant aux avantages, ils sautent aux yeux :

1° Les Compagnies cesseraient leurs émissions d'obligations, dont le prix se relèverait immédiatement et notablement;

2° Les Compagnies auraient facilement tous les fonds nécessaires à leurs travaux, en temps utile et à de bonnes conditions;

3° Le crédit public recevrait une impulsion certaine, vive et durable;

4° La Caisse de dotation des travaux publics s'enrichirait d'une portion du bénéfice que ce mode d'emprunt procurerait;

5° Une pareille combinaison raffermirait la confiance du public dans les dispositions du Gouvernement à l'égard de l'industrie privée, et ranimerait toutes les affaires au grand profit du Trésor.

———

Depuis que cette note est écrite, bien des événements se sont passés, qui tous viennent à l'appui de la proposition :

1° La facilité des emprunts par souscription publique a été de nouveau constatée;

2° Les garanties accordées à toutes les Compagnies

pour favoriser leur crédit et rendre possibles les grands travaux qui leur sont confiés réduisent à néant la principale objection au système : celle de la responsabilité financière de l'État, car la loi du 11 juin 1859 a déjà et définitivement engagé cette responsabilité dans la plus large mesure (1).

On pourrait, si l'on voulait mieux faire encore (mais ici je ne suis pas aussi convaincu de la possibilité d'obtenir l'adhésion du Gouvernement), emprunter pour les Compagnies tout simplement en 3 0/0, et prendre des mesures pour permettre la conversion facultative des obligations existantes en ce fonds 3 0/0, à des conditions réciproquement avantageuses pour les porteurs et le Trésor public.

Non-seulement le Trésor, s'il consentait à emprunter en 3 0/0 pour les Compagnies, bénéficierait de toute la différence qui existerait entre le prix de rachat à la Bourse et l'amortissement au pair effectué par les Compagnies (2), mais il aurait un amortissement constant, assuré de sa dette, au moyen des versements obligatoires qui lui seraient faits annuellement pour l'extinction progressive de celle des Compagnies, indépendamment de toutes circonstances politiques ou autres qui pourraient, comme

---

(1) Voir aux *Annexes* un tableau indiquant l'étendue des garanties accordées.

(2) Voir aux *Annexes* un tableau indiquant l'importance du bénéfice pour l'État.

ces dernières années, empêcher le Trésor de continuer le rachat de sa dette. De cette façon, il y aurait toujours un amortissement réel et agissant sur le marché.

Bien des personnes, en lisant ceci, se préoccuperont du tort que des emprunts successifs pourraient faire à la rente.

Cette préoccupation, qu'on me permette de le dire, est sans aucune espèce de fondement.

Si l'on disait : Plus d'emprunt! et si désormais l'on ne devait plus faire d'appel au public pour le compte des Compagnies, je comprendrais l'avantage que cela offrirait à la rente, débarrassée ainsi de toute concurrence. Mais du moment qu'il faut encore emprunter, et emprunter beaucoup, évidemment il importe de le faire sous la forme qui, avec la moindre quantité de charges, fournisse aux travaux le plus grand capital possible.

Qu'on veuille bien le remarquer, c'est le Gouvernement qui resterait seul juge de l'importance et de l'opportunité des emprunts à faire. Et si les circonstances exigeaient ou qu'on se modérât, ou qu'on s'arrêtât tout à fait pour un temps, il serait le maître absolu de régler les choses comme il l'entendrait.

Je ne vois donc à ce mode d'emprunt par l'État, pour les Compagnies, que des avantages et pas d'inconvénients.

RÉPONSE

A DIVERSES OBJECTIONS.

C'est ici le lieu de discuter quelques objections produites dans les journaux au sujet des propositions qui précèdent.

Je réponds d'abord au *Constitutionnel*.

Dans un article, remarquable d'ailleurs, du 6 janvier, ce journal prétend que « les auteurs des brochures sur les chemins de fer pourraient nuire, *par leurs exigences*, aux intérêts qu'ils ont l'intention de servir ». A peine, dit-on, les Compagnies sont en jouissance de la loi du 11 juin 1859, qu'elles viennent déjà réclamer de nouveaux avantages en alléguant *que cette loi est insuffisante, qu'elle n'a pas assez fait.*

L'auteur de cet article se méprend. Je n'ai point demandé qu'on modifiât la loi dans l'unique intérêt des Compagnies. Ce que j'ai proposé serait, surtout et avant tout, dans l'intérêt général, dans l'intérêt du crédit public, dans l'intérêt de la richesse nationale. Les Compagnies, aujourd'hui, ne représentent point un intérêt particulier : elles sont le public tout entier, un public qui se renouvelle à l'infini, et sans cesse : le capital considérable qui se trouve engagé dans les actions et les obligations de chemins de fer est extrêmement divisé, et l'on peut soutenir que c'est le pays lui-même qui est le propriétaire des chemins de fer. Qu'on n'affecte donc plus de dire que les Compagnies ne constituent que des intérêts privés ! L'agglomération de leurs emprunts et l'importance des capitaux associés forme une véritable dette publique, qui va sans cesse grandissant, et qui, par son importance, est digne de toute l'attention des législateurs et des Gouvernements.

On me reproche d'avoir demandé *tout bonnement* que l'État fournît aux Compagnies l'argent dont elles ont besoin, en empruntant pour elles. « L'idée, » comme on voit, est des plus simples : elle n'exige » pas de grands efforts de conception. »

C'est vrai, l'idée est simple, et c'est, à mon sens, un mérite. Quant à l'accusation de sentir quelque peu le socialisme, je ne m'en formaliserai pas, car, dans le socialisme, il y avait des choses bonnes à prendre, qu'on a prises déjà, ou qu'on fera bien de prendre. Je ne suis pas de ceux qui croyaient que tout était pour le mieux dans le meilleur des mondes, et que crédit foncier, sociétés de secours mutuels, petits billets de banque, etc., etc., tout était chimères et billevesées, qu'on avait fait tout ce qu'il y avait d'utile à faire....

Non, l'on n'avait pas, l'on n'a pas tout fait !

On a fait beaucoup depuis quelques années, et l'on pourra faire beaucoup encore pour le plus grand développement de la prospérité publique et du progrès humain.

Si, dit mon honorable contradicteur, l'État se faisait le banquier des chemins de fer, quelle autre industrie ne serait pas en droit de réclamer la même faveur?....

Mais, je le demande, y a-t-il au monde une industrie comparable à celle dont il s'agit, et par son importance et par le service public qu'elle rend? Y en a-t-il une seule à qui les pouvoirs de l'État aient cru, dans l'intérêt général, pouvoir accorder ou des subventions considérables ou des garanties d'intérêt sur plusieurs milliards?....

Il n'y en a pas, il n'y en aura jamais, ou, s'il s'en présentait une, il y aurait motif alors de traiter cette industrie nouvelle comme on aurait traité sa devancière.. L'objection n'est donc pas sérieuse. On ne doit point être arrêté par la crainte de créer un précédent dangereux.

La seule question à examiner est celle-ci :

A présent que la garantie de l'État est engagée, y a-t-il utilité, convenance, à prendre pour les emprunts qui doivent être contractés la forme qui, sans engager davantage l'État, sera la plus profitable à son crédit? qui, en favorisant les Compagnies (et les Compagnies, c'est tout le monde), dégagera le plus sa garantie?

S'il est évident qu'en empruntant de la manière que je propose on économisera 15 ou 20 0/0 du capital à emprunter, il me semble qu'il n'y a pas à hésiter.

Mais l'emprunt ainsi conçu sera-t-il facile à réaliser, et ne nuira-t-il pas au cours de la rente?

Je réponds hardiment : Les emprunts pour les travaux de la paix se feront plus facilement encore que ceux de la guerre, et, quant au cours de la rente, rien ne peut lui être plus nuisible que la continuation de la concurrence que lui font depuis longtemps les émissions incessantes d'obligations, au prix avili où elles étaient descendues, et où elles sont encore, bien que, grâce au syndicat et à la Banque de France, ce prix se soit notablement amélioré.

On dit encore: « Si les Compagnies n'avaient plus
» une existence financière qui leur fût propre, elles
» n'auraient plus de raison d'être, et de hardis
» logiciens proposeraient de reprendre les chemins,
» comme on a tenté de le faire en 1848. »

La forme qui peut être donnée aux emprunts ne change rien à l'administration si compliquée des chemins de fer. En quoi cela modifie-t-il les devoirs des administrateurs? Faudra-t-il moins exploiter le chemin, régler avec intelligence les conditions du tarif, exécuter les travaux concédés, en un mot administrer?

Est-il venu à l'idée de personne que, parce que la Banque a émis, pour compte des Compagnies, leurs derniers emprunts, les administrateurs et directeurs ont eu moins de soins à prendre et de responsabilité à encourir?

Au fond, l'objection n'a pas plus de portée que les précédentes. Cependant je ne me dissimule point l'importance qu'y attachent beaucoup de personnes. « Si le Gouvernement, qui est déjà trop mêlé aux » affaires des Compagnies, y entre davantage, c'en » est fait de leur indépendance, de leur existence » même, et de là à s'emparer des chemins, il n'y a » plus qu'un pas. » C'est ce que j'ai entendu dire bien souvent, même par des esprits bienveillants.

Il faut donc s'étendre un peu sur ce sujet.

Si par ces expressions « le Gouvernement n'est déjà que trop mêlé à nos affaires » on entend parler des détails d'intérieur, d'administration, de bureau; si l'on entend critiquer l'immixtion du Gouvernement dans l'exploitation du chemin, le règlement des tarifs en ce qui est étranger aux véritables intérêts du public, je suis complétement de l'avis des opposants.

Mais si l'on entend critiquer l'alliance qui s'est heureusement établie entre l'État et les Compagnies, et le mutuel appui que ces deux forces se sont prêté

6.

en s'unissant, je suis alors d'un avis tout contraire.

Rien n'a été plus heureux pour le pays que cette alliance, qui en quelques années a doté la France de 10,000 kilomètres de chemins de fer, et, par la création des grands réseaux, a affranchi les Compagnies de ces folles concurrences qui en d'autres pays ont converti en ruine ce qui fait notre richesse.

En ce qui touche spécialement les emprunts des Compagnies, que parle-t-on de liberté? Est-ce que, déjà, la liberté des Compagnies n'est pas aliénée? Est-ce qu'elles peuvent faire quoi que ce soit sans la permission du Gouvernement? Qu'on lise donc cet article stéréotypé dans toutes les conventions passées avec les Compagnies :

« Les obligations que la Compagnie pourrait avoir
» à émettre pour l'exécution des travaux mis à sa
» charge par la présente convention *ne pourront*
» *être émises qu'en vertu d'une autorisation du mi-*
» *nistre de l'agriculture, du commerce et des travaux*
» *publics, qui déterminera l'époque, le mode et la*
» *forme de ces émissions, et fixera les époques et les*
» *quotités de versements jusqu'à complète réalisation.* »

Donc le mode d'emprunt que nous proposons ne changerait rien à la situation actuelle, sous le rapport de la dépendance des Compagnies, dépendance que, du reste, celles-ci devaient accepter. Quand il s'agit d'emprunts pour des milliards, qui ont une influence si directe sur le crédit public, il était impossible que l'État ne se réservât pas la haute main sur de telles opérations.

Mais ni cette dépendance, ni la concentration des anciennes Sociétés de chemins de fer en cinq ou six grandes compagnies, ne sauraient rendre plus imminente la prise de possession par l'État. La loi a prescrit des délais qui ajournent à des époques précises l'exercice du droit que l'État s'est réservé de racheter les chemins à des conditions fixées d'avance. Et, à moins d'un acte de violence que rien n'autorise à supposer (car une telle supposition serait une offense pour le Gouvernement), les Compagnies doivent se reposer sur la légitimité de leur propriété. Si ce droit contractuel des Compagnies n'existait pas, si l'État était libre de reprendre les chemins de fer à toute époque, je pose en fait qu'il ne sera jamais de l'intérêt du Gouvernement de racheter les chemins, qu'il serait impuissant à les exploiter, que le premier et le plus infaillible résultat d'une reprise anticipée serait de constituer le Trésor en une perte considérable. Les revenus tomberaient immédiatement du 50 0/0, par la difficulté qu'il aurait de défendre les tarifs et d'échapper aux mille abus qui s'introduiraient dans l'exploitation de chemins gérés par l'État. Se figure-t-on l'État messagiste ou commissionnaire de roulage? Est-ce possible? Est-ce sérieux?.....

Je crois que, pour quiconque y réfléchira, cette objection perdra beaucoup de la valeur qu'on lui a attribuée à tort.

Je passe à un autre journal : l'*Opinion nationale*, qui, dans ses numéros des 4 et 16 janvier dernier, s'exprimait comme suit :

A quoi faut-il attribuer le grand élan industriel qui, dans les premières années de l'établissement impérial, a développé à un si haut point la prospérité matérielle de la France, et quelle est la cause de la torpeur générale qui a succédé à cette ère de prospérité ? M. Bartholony répond à cette double interpellation : que la célèbre déclaration de Bordeaux avait inspiré une confiance générale dans la durée de la paix, et que la paix, c'est le crédit et le travail; mais cette confiance a été ébranlée par deux guerres successives ; or sans confiance point de crédit, et sans crédit point de grandes affaires. Donc, pour que l'esprit d'entreprise se réveille, il faut faire disparaître les inquiétudes, que M. Bartholony ne partage pas, mais qui, dit-il, n'en sont pas moins réelles, sur le maintien du programme de Bordeaux, résumé dans ces mots : *L'Empire, c'est la paix.*

Assurément, personne ne disconviendra que la politique d'immixtion qui conduit à des luttes de principes et de prépotence, politique traditionnelle si l'on veut, mais essentiellement transitoire, ne doit être que l'exception, tandis que la politique immuable des intérêts généraux, la politique de la paix, doit être la règle des gouvernements civilisés. M. Bartholony a donc dit une vérité, incontestable THÉORIQUEMENT; mais, pour être acceptable et utile, il faut que toute vérité arrive à son heure. Or nous demandons si le moment est bien opportun pour faire entendre ces énergiques réclamations en faveur de la paix. Est-ce alors qu'un congrès est sur le point de s'assembler pour dénouer ou peut-être pour trancher les difficultés qui n'ont point été aplanies par les préliminaires de Villafranca et le traité de Zurich, qu'il convient de pousser un cri d'alarme, de déclarer à l'Europe attentive que nos intérêts les plus précieux sont en péril si la paix, et une paix définitive, ne sort pas des conférences de Paris? N'est-ce pas affaiblir l'autorité et amoindrir l'attitude de la France au congrès que de la représenter comme contrainte par la situation de ses affaires intérieures d'accepter cette paix à tout prix?

L'*Opinion nationale*, en me prêtant la pensée de vouloir la paix *à tout prix*, méconnaît mes intentions. Je suis grand partisan de la paix : je crois que la guerre est un mal, quelquefois nécessaire, pourtant; je crois que les capitaux consommés par elle le sont sans aucune compensation, si ce n'est une vaine gloire, appréciée à sa juste valeur aujourd'hui, quand la guerre n'a pas pour objet la défense des foyers ou la protection du faible contre l'abus de la force; je crois que le chef de l'État doit tout faire, hormis sacrifier l'honneur, pour éviter ce malheur à son pays et à l'humanité. Mais je n'ai jamais dit ni pensé qu'un grand État comme la France dût abdiquer sa puissance militaire et cesser de pouvoir se faire respecter.

Ce serait là un grand anachronisme, car un des plus grands résultats de l'ordre des choses nouveau, c'est d'avoir replacé la France au rang d'où les malheurs du commencement du siècle l'avaient fait descendre, et j'aime à rendre cet hommage à celui qui, après Dieu, en est l'auteur.

Je ne saurais traduire plus fidèlement ma pensée qu'en reproduisant ici ce que j'écrivais en 1838, il y a plus de vingt ans (1) :

____

(1) *Appendice au meilleur système pour l'exécution des travaux publics.*

« ..... Un orateur éloquent (M. de Lamartine) a
» dit naguère du haut de la tribune : *Nous manquons*
» *d'air*..... *Il faut faire de grandes entreprises au*
» *dehors*.....

» Oui, nous manquons d'air ; oui, il faut occuper
» les bras et les intelligences de la nation. Mais
» comment les occuper au dehors sans s'exposer
» aux chances de la guerre? Ah! ne rouvrons pas
» volontairement cette immense carrière de malheurs
» et de destruction! C'est à l'intérieur et non au
» dehors; c'est sur les travaux publics qu'il faut
» diriger l'activité nationale; et quand, un jour, la
» France devra tirer du fourreau sa formidable
» épée (hélas! la guerre n'est pas bannie pour tou-
» jours du code des nations!), la France sera plus
» grande et plus puissante; elle sera alors en pos-
» session d'un sol enrichi; elle jouira paisiblement
» de toutes les améliorations intérieures qu'elle aura
» su faire, et il ne sera au pouvoir de personne de
» les lui ravir. Ainsi elle aura employé utilement
» les loisirs précieux que la paix lui donne.

» *Travaillons pendant qu'il fait jour.*

» Telle est notre dernière recommandation. »

Ce que j'écrivais il y a vingt-deux ans n'est pas
moins vrai aujourd'hui, et c'est avec bonheur que
je constate que l'Empire, par le programme du
5 janvier, entre en plein dans cette voie.

RETRAIT DE LA LOI DU 23 JUIN 1857

SUR LES VALEURS MOBILIÈRES.

Le meilleur moyen de faire ressortir les inconvénients et les dommages causés par cette loi, c'est de publier la note préparée par les soins de la conférence des chemins de fer, signée par les présidents de toutes les Compagnies, et remise au Gouvernement au mois d'avril 1858.

Depuis, les dommages et les inconvénients signalés n'ont fait que s'accroître, et l'on peut affirmer en toute conscience que cette loi est un des obstacles les plus directs au relèvement du prix des valeurs.

Tant qu'elle subsistera, il sera impossible que la place de Paris, qui tendait à se substituer aux Bourses renommées de Londres et d'Amsterdam, conserve la prétention de devenir le premier marché de l'Europe.

Si, contre toute espérance, il fallait renoncer à voir abandonner par l'État un impôt qui, loin d'être productif, lui cause des pertes indirectes bien autrement considérables que l'argent qu'il en retire, il serait absolument nécessaire de trouver un moyen de transformer cet impôt. Rien n'est en effet plus préjudiciable à tous les intérêts. La loi du 23 juin 1857 est un véritable étouffoir pour le crédit et l'industrie.

NOTE

SUR LA NÉCESSITÉ DE RAPPORTER L'IMPÔT

SUR LA CIRCULATION DES VALEURS MOBILIÈRES.

(Avril 1858.)

« Une expérience de neuf mois permet au Gouvernement et aux pouvoirs publics de se rendre compte, en parfaite connaissance de cause, des résultats financiers et économiques de la loi du 23 juin 1857, et de la perturbation profonde qu'elle a portée dans les affaires.

» Il paraît aujourd'hui avéré que l'impôt sur les valeurs mobilières ne rapportera pas au Trésor au delà de six à sept millions. A ne considérer que ce résultat, on a pu dire que la nouvelle taxe était relativement légère, et qu'il était permis, sans danger pour la richesse industrielle de la France, de lui demander ce sacrifice. Mais le poids d'un impôt ne se mesure pas à ce qu'il rapporte, il faut surtout tenir compte de ce qu'il coûte; à ce point de vue, nous n'hésitons pas à dire que, si l'impôt rapporte peu au Trésor, il coûte énormément au pays. C'est ce qu'il sera malheureusement facile de démontrer :

» On s'était habitué à considérer les titres des grandes Compagnies comme une sorte de monnaie courante, se transmettant par la simple tradition, sans formalités et sans frais, et circulant avec une facilité presque égale à celle du billet de banque. On comprend dès lors quelle révolution devait opérer une taxe inattendue et sans précédents frappant la *transmission*, c'est-à-dire la circulation et la négociation des titres. Supposons un moment (ce qu'à Dieu ne plaise!) qu'une taxe analogue vienne à être établie sur la transmission des marchandises ou des effets de commerce, et demandons-nous quelle serait l'influence d'un pareil impôt sur le mouvement des transactions commerciales ou des opérations de crédit. Un effet en tout semblable s'est produit sur la circulation des valeurs industrielles; et, comme si ce n'était pas assez de cette charge imposée à la négociation des valeurs, la loi a traîné avec elle un cortége de formalités, de calculs, d'embarras de toute sorte. C'est à peine si l'administration et les Compagnies ont pu, après plusieurs mois d'études, se reconnaître et se diriger dans ce dédale. Quant au public lui-même, il s'y est complétement perdu. Or la majorité des détenteurs de titres, les plus intéressants et les plus sérieux, sont, en général, absorbés par d'autres travaux ou d'autres intérêts; tous n'ont pas au même degré l'intelligence et l'expérience des affaires; on

comprend dès lors combien des formalités et des calculs compliqués et minutieux, le soin qu'ils exigent
et le temps qu'ils font perdre, étaient propres à
dégoûter le public d'une forme de placement qui
puisait son principal attrait dans la simplicité des
procédés et la facilité des réalisations. Le découra-
gement a donc été général, mais il s'est surtout
manifesté dans les départements et à l'étranger,
moins bien placés que Paris pour recourir aux
sources d'informations. On avait voulu atteindre
l'esprit de spéculation et d'agiotage; l'agiotage a
seul profité des embarras suscités par la loi, et les a
habilement exploités à la baisse.

» Il n'est pas jusqu'aux bonnes intentions du législateur qui n'aient tourné contre le but qu'on
s'était proposé. Ainsi, dans l'espoir d'encourager les
placements sérieux, les titres nominatifs avaient
été affranchis de la taxe annuelle (*douze centimes
par cent francs*) à laquelle sont soumis les titres au
porteur par voie d'abonnement. Mais, d'une part,
cette franchise du droit d'*abonnement* est trop chèrement compensée par un droit de *conversion* ou de
transfert très-élevé (*vingt centimes par cent francs*),
et, d'autre part, il ne se négocie pas à la Bourse de
Paris un seul titre sous la forme nominative. Il en
résulte qu'un titre nominatif n'est réalisable qu'à la
condition d'être préalablement converti en titre au
porteur, e t qu'il ne peut revenir ensuite à la forme

nominative qu'en payant un second droit de conversion. Par l'effet de cette double conversion, tout transfert du *nominatif* au *nominatif* supporte deux droits de mutation, et la forme qu'on voulait encourager se trouve, en réalité, la plus maltraitée.

» Combien d'autres anomalies ne pourrait-on pas signaler encore !

» Ainsi, le droit d'abonnement est calculé d'après le cours moyen de l'*année précédente*. Or, rien n'est plus variable que les cours d'une année à l'autre ; il arrive donc qu'au moment de la perception le droit s'élève ou s'abaisse en raison inverse de la valeur *actuelle* du titre. Si les cours ont faibli depuis l'année précédente, on perçoit le droit fort ; si, au contraire, les cours ont monté, c'est le droit faible qui est dû.

» N'est-ce pas également une contradiction singulière que celle qui consiste à calculer la taxe d'abonnement d'après le cours moyen de l'*année précédente,* et la taxe de conversion et de transfert d'après le cours *du jour ?*

» Si l'on objecte qu'il était impossible d'échapper à ces imperfections de la loi, et que l'on n'a pu ni mieux faire ni faire autrement, quel meilleur argument pourrait-on fournir contre le principe de la loi?

» Il existe une autre disposition bien autrement regrettable, dont le législateur n'a certainement pas prévu la portée, et qui, bien que non formellement écrite dans la loi, est cependant appliquée en vertu des règles générales en matière d'enregistrement.

» Ainsi le droit est perçu sur la valeur du titre, sans égard aux versements opérés, ni à la somme réellement engagée dans la négociation. Par suite, l'entreprise dont le capital n'est pas réalisé, et qui, dans le but de soulager le marché ou de proportionner les versements à l'avancement de ses travaux, n'opère que des appels successifs, est, de fait, beaucoup plus atteinte par l'impôt que l'entreprise dont les titres sont entièrement libérés. Le droit étant perçu sur le capital *versé* ou *non versé,* là où le titre libéré paye (*à raison de vingt centimes par cent francs*) 1 fr. pour 500 fr. versés, le titre non libéré et sur lequel il n'a été versé que 100 francs paye également 1 franc. En d'autres termes, si l'entreprise est naissante, si elle est dans la période d'élaboration, si elle ne produit que peu ou rien, c'est alors que la loi la frappe avec le moins de ménagements.

» Une telle disposition pèsera d'un poids bien lourd sur toute émission nouvelle d'actions; et, en ce qui concerne les Compagnies dont le capital en actions est réalisé, il leur sera très-onéreux de recourir pour leurs emprunts aux anciens procédés de souscription avec le tempérament si nécessaire des appels successifs et des versements échelonnés.

» Les entraves apportées à la circulation des valeurs industrielles ont-elles du moins profité à la rente, que l'on avait eu soin d'en affranchir ? L'événement a complétement trompé cette espérance. La rente n'a d'ailleurs que faire de ces avantages artificiels. Les immunités et les garanties dont elle a le privilége lui assurent par des moyens plus certains les préférences du capital. Mais si le crédit de l'État n'a pas de rivaux, il a des auxiliaires, et rien de ce qui affaiblit la fortune publique ne saurait profiter à la rente.

» La propriété foncière peut-elle gagner quelque chose, de son côté, aux entraves qui grèvent et paralysent la propriété mobilière? Évidemment non. Et tous les défenseurs éclairés de la propriété foncière et de l'agriculture comprennent aujourd'hui que l'esprit d'association est seul apte à féconder le territoire, en le dotant des grandes institutions qu'il réclame. C'est ici surtout que la solidarité des grands intérêts du pays est manifeste.

» Enfin, si l'on calcule tout ce qui reste à faire encore pour l'achèvement du réseau des chemins de fer français et l'impossibilité d'y pourvoir autrement que par d'énormes émissions d'obligations, on comprendra combien il est impolitique de rétrécir le marché de ces valeurs. Or les dernières mesures ont complétement détourné de la Bourse de Paris le courant des capitaux étrangers. Ceux de ces capitaux qui étaient entrés dans les emprunts des Compagnies françaises, subissant, par la retenue de l'impôt, une réduction de l'intérêt qui leur avait été promis, ont considéré cette retenue comme une violation de leur contrat (1). Ils redoutent d'ailleurs qu'au premier embarras politique ou financier cet impôt ne soit encore augmenté, et l'intérêt des obligations réduit d'autant. La clientèle des actions s'associe aux mêmes griefs et partage les mêmes appréhensions. Le capital ainsi mécontent et menacé émigre donc et se dirige sur les titres des Compagnies étrangères, affranchis de tout impôt, et protégés, pour la plupart, par des garanties d'État. Ce mouvement de retraite et d'émigration se manifeste par des signes irrécusables, et il n'est pas un banquier français qui ne soit en situation de le constater.

» Cette dépréciation des obligations atteint d'ailleurs très-directement les intérêts du Trésor, et exercera, dans un avenir prochain, une influence sensible sur le revenu public. Aux termes de la plupart

---

(1) Les Compagnies font l'avance de la taxe, à charge de répétition contre le porteur de l'obligation par voie de retenue sur le service des intérêts. Les Compagnies ne peuvent agir autrement, puisque le porteur du titre est le véritable et seul *redevable*. Mais le public n'en réclame pas moins : on lui avait promis 15 fr. d'intérêts, il n'en reçoit que 14. Il réclame donc, ou, pour mieux dire, il s'éloigne et s'abstient.

des cahiers des charges, l'État ne vient en partage
des produits des chemins concédés qu'après prélèvement d'un intérêt déterminé (dont le taux varie) sur
le capital engagé. Or il est facile de comprendre
que, si le bas prix des obligations nécessite de plus
fortes émissions pour la réalisation d'un capital égal,
le prélèvement des intérêts privilégiés sera accru
dans la même proportion, et il en résultera une diminution du bénéfice à partager entre les Compagnies
et l'État. Il n'est pas certain qu'à ce seul point de
vue la loi du 23 juin 1857 ne coûte à l'État beaucoup plus qu'elle ne lui rapporte.

» Il paraîtra sans doute regrettable de revenir
sur une mesure aussi récente; mais il serait bien
plus regrettable encore de la maintenir un an de
plus. L'expérience a assez duré pour être complète,
et l'on peut invoquer l'exemple de la Hollande, qui,
ayant eu recours à un impôt de cette nature, n'a
pas hésité à le rapporter. Signalons d'ailleurs cette
circonstance, que le nouvel impôt a été établi par la
loi du budget, loi qui se reproduit et se modifie
chaque année. La taxe sur les valeurs industrielles
n'a donc pas ce caractère de permanence et de fixité
qui ne permet pas toujours de remanier à propos
les lois les plus imparfaites. Rien ne s'oppose, dès
lors, à ce que la loi soit rapportée, dès cette année,
par une disposition du budget. La loi est récente, il
est vrai, mais on doit s'en féliciter et non le regret-

7

ter. Le mal qu'elle a fait en sera plus aisément réparable. »

Paris, le 8 avril 1859.

Le président de la Compagnie du chemin de fer des Ardennes,
Signé : Duc de Noailles.

Le président de la Compagnie des chemins de fer du Dauphiné,
Signé : Duc de Valmy.

Le président de la Compagnie des chemins de fer de l'Est,
Signé : Comte de Ségur.

Le président de la Compagnie des chemins de fer du Midi,
Signé : Émile Pereire.

Le président de la Compagnie du chemin de fer du Nord,
Signé : Baron James de Rothschild.

Le président de la Compagnie du chemin de fer d'Orléans,
Signé : Fr. Bartholony.

Le président de la Compagnie des chemins de fer de l'Ouest,
Signé : Cte de Chasseloup-Laubat.

Les présidents de la Compagnie du chemin de fer de Paris à Lyon et à la Méditerranée,
Signé : A. Dassier et S. Dumon.

Le vice-président de la Compagnie du chemin de fer de Genève,
Signé : Hély-d'Oissel.

La note qu'on vient de lire était annexée à une pétition que les présidents des Compagnies de chemins de fer crurent devoir adresser à Sa Majesté l'Empereur, dans un moment critique pour le crédit de l'industrie.

Cette pétition est elle-même un document contenant des observations que recommande encore, à certains égards du moins, un caractère évident d'actualité, et qu'il n'y a plus d'indiscrétion à livrer à la publicité aujourd'hui.

A SA MAJESTÉ

NAPOLÉON III,

EMPEREUR DES FRANÇAIS.

———

« SIRE,

» Autorisés par la bonté de Votre Majesté, nous venons lui soumettre nos vues sur les moyens qui nous paraissent les plus propres à consolider le crédit de nos Compagnies. Pour réaliser les ressources immenses qu'exige l'achèvement du réseau des chemins de fer, nous avons besoin de la confiance des capitalistes dans la valeur de nos titres et dans l'avenir de nos entreprises. Or nous ne pouvons nous dissimuler que, malgré l'abondance de l'argent, le placement de nos obligations pèse de plus en plus sur le marché. La rente elle-même souffre de cette dépréciation, car toutes les valeurs sont solidaires, et le crédit de l'État est intéressé au crédit des Compagnies. C'est sous ce double point de vue que nous prions Votre Majesté d'examiner les observations que nous prenons la respectueuse liberté de lui soumettre.

1° *Rapport de la loi du 23 juin 1857.*

» La loi qui a grevé d'un impôt la négociation des

valeurs mobilières a eu la plus fâcheuse influence sur le crédit de nos Compagnies. Nous en développons les causes dans une note spéciale ci-jointe. La principale est dans l'inquiétude qu'à inspirée aux capitalistes cet impôt qui n'existe que dans notre budget, et qui est susceptible d'une aggravation indéfinie. Aussi les capitaux étrangers abandonnent nos titres, les capitalistes français recherchent des placements à l'étranger. Pour rappeler les uns, pour retenir les autres, nous avons à subir des exigences qui déprécient nos valeurs, et qui influent sur le cours des fonds publics eux-mêmes.

2° *Prolongation du délai d'exécution des travaux.*

» Depuis deux ans, l'administration supérieure, dans l'intérêt du crédit public, a réduit au-dessous de nos besoins et de nos demandes l'émission de nos obligations. Cette limitation a rendu impossible l'achèvement de nos travaux dans les délais fixés. Nous avons dû le déclarer à l'administration, et cette déclaration a été tacitement acceptée. Il importe essentiellement que cet accord tacite devienne une convention expresse et publique. La déclaration officielle de la prolongation des délais d'exécution rassurera les capitalistes. Il deviendra évident pour eux que, après nous avoir fait ralentir nos travaux, l'administration n'exigera pas, à l'approche du terme qui nous a été assigné, que nous déployions une activité ruineuse. Ils sauront aussi que, moins pressés par le temps, nous pourrons modérer, nous pourrons suspendre même la création de valeurs nouvelles. La menace d'émissions incessantes de titres nouveaux ne pèsera pas sur le cours des titres en circulation. Par là se rétablira une proportion plus favorable entre les capitaux disponibles et les placements offerts au public; le relèvement du cours de toutes les valeurs en sera la conséquence. Pour produire ce résultat, nous pensons qu'une prolongation d'une certaine durée est indispensable. Par suite de cet ajournement, il faudra reculer l'époque à partir de laquelle l'État a le droit de racheter nos concessions; car il ne serait pas juste que le revenu net, qui doit servir de base à la fixation de notre indemnité, fût calculé avant que le trafic ait atteint son développement régulier sur les parties du réseau récemment terminées.

3° *Révision des conditions de concessions.*

» L'opinion s'est préoccupée, avec exagération sans doute, des charges qui nous ont été imposées lors du remaniement de nos concessions primitives. On a craint que le revenu net des Compagnies ne décrût avec l'extension de leurs réseaux. Il nous paraît indispensable de rassurer l'opinion publique sur l'avenir de nos entreprises. Les modifications qu'il nous paraît utile d'apporter à cet effet dans nos cahiers des charges varient suivant la situation de chaque Compagnie et doivent être discutées séparément. Mais nous nous réunissons pour rappeler à Votre Majesté l'élan qu'elle donna aux travaux publics par l'esprit libéral qui présida aux concessions de 1852, et le prodigieux accroissement de richesse nationale qui en a été le fruit. Nous lui demandons aujourd'hui, pour achever heureusement notre œuvre, le renouvellement de l'impulsion énergique qui nous l'a fait entreprendre.

4° Contrôle de l'exploitation des Compagnies.

» Formées sous l'autorité et avec la protection de l'État, nos Compagnies ont toujours besoin de son concours et se soumettent loyalement à sa surveillance. Nous ne demandons que la liberté d'action qui nous est nécessaire pour la bonne gestion des grands intérêts qui nous sont confiés. L'homologation de nos tarifs, par exemple, donne quelquefois lieu à des difficultés et à des lenteurs non moins contraires aux intérêts du commerce qu'à ceux des Compagnies. L'administration nous les épargnerait aisément, en supprimant dans l'examen de nos propositions des complications inutiles. Qu'elle écarte, dans cet examen, les préoccupations purement théoriques, qu'elle tienne compte des faits et de la pratique des affaires, et elle demeurera convaincue que la latitude par nous réclamée, aux termes de nos cahiers des charges, profite au public comme à nous. Nous demandons aussi que l'administration n'aggrave pas au delà de la lettre et de l'esprit de nos contrats la charge des services publics que nous exécutons gratuitement.

» Telles sont les observations que nous soumettons avec une respectueuse confiance à Votre Majesté. Notre industrie se recommande à votre bienveillance par une importance sans rivale; elle s'y recommande plus encore parce que, touchant à la fois aux intérêts du travail, du crédit et du commerce, sa prospérité est un élément essentiel de la prospérité publique.

» Nous sommes, etc., »

Le président de la Compagnie du chemin de fer des Ardennes,
Signé : Duc DE NOAILLES.

Le président de la Compagnie des chemins de fer du Dauphiné,
Signé : Duc DE VALMY.

Le président de la Compagnie des chemins de fer de l'Est,
Signé : Comte DE SÉGUR.

Le vice-président de la Compagnie du chemin de fer de Genève,
Signé : HÉLY-D'OISSEL.

Le président de la Compagnie des chemins de fer du Midi,
Signé : ÉMILE PEREIRE.

Le président de la Compagnie du chemin de fer du Nord.
Signé : Baron JAMES DE ROTHSCHILD.

Le président de la Compagnie du chemin de fer d'Orléans,
Signé : FR. BARTHOLONY.

Le président de la Compagnie des chemins de fer de l'Ouest,
Signé : Cᵗᵉ DE CHASSELOUP-LAUBAT.

Les présidents de la Compagnie du chemin de fer de Paris à Lyon et à la Méditerranée,
Signé : DUMON et DASSIER.

Les conventions approuvées par la loi du 11 juin 1859 ont satisfait à quelques-unes des plus importantes réclamations qui se trouvent exposées dans la pétition ci-contre. Mais la loi d'impôt sur les valeurs mobilières subsiste encore tout entière, quoique l'expérience qui en a été faite n'ait abouti qu'à justifier, en se prolongeant, tous les griefs articulés contre elle dès le jour où elle a pris place dans l'arsenal, hélas! trop bien pourvu des combinaisons fiscales.

RÉDUCTION DES TARIFS

DES CHEMINS DE FER.

En annonçant le traité de commerce conclu avec l'Angleterre et l'adoption par la France de principes économiques qui tendent à la faire jouir, avec les tempéraments nécessaires, du régime de la liberté commerciale, l'Empereur a fait des déclarations propres à rassurer l'industrie nationale. Il a fait connaître sa volonté d'imprimer une grande activité aux travaux publics et d'employer tous les moyens en son pouvoir pour abaisser le prix des transports qui exercent une si grande influence et sur la production et sur le développement de la prospérité générale.

C'est pour faciliter l'application de ces idées généreuses qu'en diverses occasions j'ai émis l'opinion que le Gouvernement et les Compagnies, en cherchant bien, trouveraient certainement le moyen pratique d'arriver au but sans blesser aucun des intérêts qu'il est si important de ménager.

Ce moyen aurait pour résultat nécessaire une amélioration notable dans le prix des tarifs légaux, et comme le libre consentement des Compagnies est la condition fondamentale de tout changement au tarif légal, il faudrait évidemment offrir à celles-ci une compensation de nature à être acceptée par elles.

Cette compensation, je la trouve dans le système de la garantie d'intérêt qui a déjà rendu, sans rien coûter à l'État, de si grands services à l'industrie.

Il faudrait deux choses :

1° Élever de 1 0/0 le taux de la garantie accordée aux nouveaux réseaux, soit 5 0/0 au lieu de 4, et, en tenant compte de l'amortissement en 50 années, 5.48 au lieu de 4.65 qui ont été concédés.

2° Autoriser à porter à la charge des nouveaux réseaux, jusqu'à leur achèvement, soit l'époque de l'entrée en jouissance de la garantie, les déficits qui pourraient se produire sur les anciens réseaux par suite de l'abaissement des tarifs, comparés à l'exercice 1860, et augmenter dès lors d'autant le capital garanti.

Personne ne peut savoir si cette augmentation de garantie aurait des conséquences onéreuses pour l'État ; les chemins de fer n'ont pas dit leur dernier mot, et le développement de la prospérité publique peut accroître tellement leurs produits que, pour les nouveaux réseaux comme pour les anciens, la garantie d'intérêt reste un simple appui moral ; mais ce qui est certain dès aujourd'hui, c'est que l'abaissement immédiat des tarifs serait un grand avantage pour la chose publique, et viendrait accomplir les promesses faites et réaliser les espérances données aux industriels au moment du passage du système protectionniste au système de la liberté commerciale.

En outre, à mon sens, les Compagnies ne devraient pas demander d'être garanties au delà du taux moyen des emprunts contractés pour l'exécution des nouveaux réseaux ; et si l'amélioration du crédit abaissait au-dessous de 5.48 0/0 (ce qui ne manquerait pas d'avoir lieu, la paix étant maintenue) le taux moyen de leurs emprunts, la garantie de l'État en devrait être diminuée d'autant, *ipso facto*.

Ainsi, par exemple, si ce taux était ramené à 4.65 par l'amélioration successive du taux des emprunts futurs, l'augmentation de garantie accordée en retour d'abaissements de tarifs considérables serait annulée de fait au bénéfice du Trésor.

Maintenant, je vais plus loin : si, dans cette situation, le Gouvernement reconnaissait qu'ayant garanti les revenus des Compagnies, la logique conduit inflexiblement l'État à se servir de sa signature, qu'il a engagée déjà, pour diminuer les chances défavorables, et à faire lui-même les emprunts pour le compte des Compagnies, il dépendrait de lui non-seulement d'annuler cet excédant de garantie porté de 4.65 à 5.48, mais encore d'abaisser le taux de 4.65 à celui qu'il obtiendrait facilement en se prêtant à la substitution indiquée.

On dirait vainement que ce mode d'emprunt fera du tort à la rente. Je le nie formellement. Du moment qu'il faut emprunter, créer des titres et demander à la place de l'argent, le bon sens dit qu'il faut le faire dans le mode qui, pour une quantité donnée d'espèces, exige l'émission la moins forte de papier. C'est clair comme le jour. Je dis que des emprunts faits par l'État pour de grands travaux d'utilité générale, pour les travaux de la paix, rassureraient l'Europe, auraient une heureuse influence sur l'esprit public, et que les capitaux retirés de la circulation y rentreraient immédiatement, ce qui est l'inverse des emprunts faits pour des guerres étrangères ; dans ce dernier cas, il y a *consommation au dehors* des capitaux ; dans l'autre, il y aurait emploi, et emploi productif, en France même, dès lors restitution presque immédiate à la circulation.

Enfin, si l'État adoptait une idée qui se lie si intimement à la proposition d'abaissement des tarifs au moyen d'une augmentation de garantie, il serait très-facile d'obtenir l'ajournement de l'emprunt à la fin de l'année prochaine, après l'expiration de celui qui est en cours d'exécution, au moyen d'arrangements de trésorerie et du crédit ouvert par la Banque de France : la cessation des émissions d'obligations, l'éloignement de l'époque de l'emprunt, les mesures de crédit indiquées, la ferme espérance de la conservation de la paix, *tout* concourrait au développement du crédit public, et non-seulement le taux de la garantie actuelle (4.65) ne serait pas augmenté, mais il serait sensiblement diminué.

Que d'avantages réunis! et comment concevoir qu'on ne réalise pas un ensemble de mesures qui auraient des conséquences si heureuses? Il y aurait pour les ministres des finances et des travaux publics une véritable gloire à attacher leurs noms à de pareils actes!

APPLICATION DU SYSTÈME.

Il est facile de comprendre que le système d'emprunts directs par l'État, pour le compte des Compagnies de chemins de fer, serait le véritable complément du système de la garantie d'intérêt.

Pour prix d'un abaissement de tarif des chemins de fer et notamment de la formation d'une 4ᵉ classe à prix réduit pour les matières encombrantes, mesure tout à fait opportune à la suite des traités de commerce, l'intérêt des nouveaux réseaux, garanti à 4 %, et, amortissement compris à 4 fr. 65 c., recevrait, comme il a été dit, une garantie additionnelle de 1 %, ce qui, avec l'amortissement naturellement réduit, porterait la garantie des nouveaux réseaux à 5 fr. 48 c., — différence en plus : 83 centimes.

Les chances que courrait l'État, répétons-le, seraient complétement nulles. Tout se bornerait pour lui à une écriture d'ordre au budget, les revenus actuels et futurs des chemins de fer offrant aux emprunts une hypothèque spéciale et du premier ordre.

De plus, n'oublions pas que, s'il y avait réellement des chances à courir, ce que nous contestons formellement, l'État les a déjà assumées sur lui par sa garantie qui, pour n'être qu'une caution, n'en est pas moins un engagement définitif, sanctionné par la loi, et sacré, comme toutes les dettes de l'État.

Supposons donc une émission de $2\ 1/2\ \%$ au taux moyen de 62 fr. 50 c., prix qui n'aurait rien d'anormal dès 1862, en l'absence de tout appel au crédit en 1861, et avec la hausse qui se produirait nécessairement sur toutes les valeurs, si l'on adoptait les mesures recommandées, notamment le bris de la planche aux obligations et le retrait de la loi du 23 juin 1857.

Soit du $2\ 1/2\ \%$ émis à

      62 50 ou   4 » $\%$ d'intérêt annuel.

Amortissement pendant la durée de la concession, comme on le pratique pour les obligations, environ. . . . » 16

        Total. . . 4 16

Bénéfice en atténuation de la garantie demandée de 5 fr. 48 c. : 1 fr. 32 c. $\%$.

Bénéfice en atténuation de la garantie de 4 fr.

65 c. accordée déjà par la loi du 11 juin 1859 :
» fr. 49 c.

En outre, il est entendu que l'État rachèterait au cours de la place les effets émis, et comme les compagnies les lui rembourseraient au *pair*, il résulterait de là, à supposer que le rachat eût lieu en moyenne à 70 fr., un bénéfice qui, sur un capital de *trois milliards*, arriverait à un chiffre considérable (1).

Ce bénéfice constituerait un fonds de réserve qui permettrait de pourvoir largement aux éventualités de la garantie, s'il fallait jamais y avoir recours.

Nouvel avantage à ajouter à tous ceux que présente la combinaison proposée.

---

(1) Voir l'Annexe 3.

DE LA RECONNAISSANCE LÉGALE

DES MARCHÉS A TERME EN FONDS PUBLICS.

La reconnaissance des marchés à terme en fonds publics est une grave question que j'hésite à aborder, même en émettant un simple avis. Ici, que d'intérêts engagés! le crédit soutenu d'un côté; de l'autre, la moralité publique compromise et l'agiotage paraissant encouragé!...

Il semble toutefois qu'il n'y a rien de plus naturel que d'acheter ou de vendre à terme aussi bien qu'au comptant.

Toutes les transactions imaginables se font des deux manières et sous toutes les formes. Le négociant qui use de son crédit pour faire venir de l'autre hémisphère des denrées, ou envoyer au loin des objets manufacturés, fait indirectement des marchés à terme, et tous les jours, dans le commerce, on prend des délais pour le payement ou la livraison des objets vendus ou achetés.

Pourquoi donc ne pas reconnaître la légalité de ces marchés appliqués aux valeurs mobilières? N'est-ce pas donner une prime à la déloyauté que de refuser une action judiciaire aux parties intéressées dans la question?

La réponse affirmative est sur toutes les lèvres,

8

et cependant les conséquences de ces marchés, réputés *paris*, ont été en tous pays et toujours, je crois, assimilées aux dettes de jeu, et, comme telles, les tribunaux se sont refusés constamment à les sanctionner.

Fait-on bien? fait-on mal? Ceci soulève des questions de la plus haute gravité, et, comme je l'ai dit, je me récuse pour donner même un avis. Cependant si, en présence de l'immoralité qui caractérise un refus de payer les pertes, lorsqu'on a encaissé les bénéfices, comme cela s'est vu dans des procès célèbres, dont les fourbes, protégés par la loi, sont sortis vainqueurs; si, dis-je, il était permis d'innover quelque chose, les juges, interprétant sainement la loi, ne pourraient-ils pas reconnaître ou ne pas reconnaître les marchés, selon que la situation notoire du client aurait permis à l'agent de change de considérer comme sérieuses, et non pas comme fictives, les opérations à terme dont il aurait été l'intermédiaire?

De cette manière, sans changer la loi qui a été faite contre le jeu, on pourrait atteindre le client de mauvaise foi.

Que si, évidemment, l'agent de change n'avait pas pu se tromper sur le caractère tout à fait aléatoire des opérations faites, on lui appliquerait alors justement le châtiment que le législateur a voulu infliger à la complicité d'opérations tolérées, mais non autorisées par la morale, non plus que par la loi.

Il semble que le législateur soit placé là dans un dilemme insoluble, et qu'il n'en puisse sortir que par une transaction admise tacitement dans la jurisprudence.

Car la morale s'oppose à ce qu'on encourage le jeu, en reconnaissant comme légales les opérations à terme sur les fonds publics.

Et, d'un autre côté, le crédit ne peut exister sans les marchés à terme, dont les emprunts publics sont la justification officielle ; ces marchés, d'ailleurs, ont le bon effet de modérer les mouvements brusques des cours, en même temps que de réaliser la condition essentielle, vitale, du crédit, en permettant de trouver constamment des acheteurs et des vendeurs pour quelque somme que ce soit : c'est dans cette condition qu'est le secret de la plus-value relative de la rente. Comment pourrait-on expliquer autrement la différence du prix des obligations de chemins de fer qui, en outre de la garantie de l'État, ont un gage hypothécaire ?.....

***

Depuis que cette note est écrite, la République de Genève vient, par une loi votée en grand Conseil, de reconnaître les marchés à terme de tous genres, effets publics ou autres.

8.

De plus, on affirme que le Stock-Exchange de Londres, soumis, par imitation de notre nouvelle législation, au timbre des marchés à terme en fonds publics, demande, par suite et comme conséquence de ce timbre officiel, que ces marchés soient reconnus comme légaux.

Certes, si le Stock-Exchange obtenait cette reconnaissance légale des marchés à terme, ce serait un grand pas de fait dans cette épineuse question.

Il en sera peut-être de la reconnaissance des marchés à terme comme du taux légal de l'intérêt que, depuis quelques années, on a supprimé, non sans raison, dans beaucoup d'États. Longtemps, on avait flétri du nom d'usure l'élévation du prix demandé quelquefois pour un prêt d'argent. Mais on reconnaît aujourd'hui que les circonstances du marché et les *risques à courir* sont les seuls véritables régulateurs du taux du loyer des capitaux ; que ce loyer, de sa nature, est et doit être variable, comme toutes choses dans le commerce. La Banque de France a sanctionné récemment ce principe de liberté en élevant le taux de son escompte successivement, eu égard aux circonstances, et jusqu'au taux qui, jadis, eût été taxé d'usuraire, de 10 0/0.

Je viens de lire les *Mémoires* de M. le comte Mollien, et j'y trouve une conversation avec le premier

Consul qui trouve ici sa place si naturellement, que je ne puis résister au plaisir de la citer :

M. le comte Mollien. — « .... Quant aux marchés à terme qui se font à la Bourse et auxquels on oppose et la législation et la morale, je crois avoir prouvé que la morale ne s'y opposait pas, et j'oppose à la législation qui les proscrit et qui se réduit à un arrêt de circonstance en 1786, que cet arrêt n'a jamais été exécuté ni exécutable ; pour condamner la vente et l'achat des fonds publics qui s'opèrent sous cette forme, il faut oublier, je le redis encore, que les plus importantes, les plus nécessaires transactions sociales consistent en pareils marchés. Si des abus se sont introduits dans les transactions de Bourse, qui reposent sur des marchés à terme, on doit surtout en accuser la jurisprudence qui les place hors du domaine de la loi. S'ils violent la foi publique, les tribunaux doivent d'autant moins se refuser à en prendre connaissance : leur devoir est de rechercher et de punir cette violation. Quand un homme libre a pris des engagements téméraires, c'est dans leur exécution qu'il doit trouver la peine de son imprudence ou de sa mauvaise foi. L'efficacité de la peine est dans l'exemple qu'elle laisse ; et, certes, ce n'était pas un bon exemple donné par la jurisprudence de 1786 que l'annulation du corps de délit au profit du plus coupable, etc.......

» L'objection commune contre les marchés à terme

faits à la Bourse et qui est fondée sur ce qu'on ne peut pas vendre ce qu'on ne possède pas, et que la loi ne peut pas reconnaître un marché qui n'aurait pas dû être fait, n'est au fond qu'une pétition de principe. Il me semble que la loi ne doit pas défendre ce qu'elle ne peut pas punir et, bien moins encore, ce qu'elle est réduite à tolérer. Elle ne doit pas interdire à la Bourse de Paris un mode de transaction accrédité par un long usage à la Bourse de Londres, d'Amsterdam, etc., et qui s'est plus particulièrement introduit dans nos habitudes d'après les changements survenus dans le régime de notre dette publique..... Je ne prétends pas conclure de ce que les marchés à terme ne peuvent pas être interdits, qu'ils sont exempts d'abus. C'est pour qu'ils soient réprimés dans leurs abus que je demande que les contractants soient jugés selon la loi commune des contrats; c'est pour que les abus soient plus rares que je ne me permets aucune objection contre le projet de circonscrire à soixante le nombre des agents de change, de constituer leur responsabilité, d'introduire surtout parmi eux la discipline de corps qui prévient plus sûrement les fautes que la responsabilité ne les répare.......

» .... Au milieu du dîner, les yeux du premier Consul me parurent se fixer plus particulièrement sur moi. Il recommanda aux deux consuls la rédaction d'un projet d'organisation pour la Compagnie des agents de change et de règlement pour les marchés à terme assez conforme aux propositions que je lui avais faites : il dit *qu'il ne fallait pas avoir la prétention de défendre ce qu'on n'avait pas le pouvoir d'empêcher ; que l'autorité publique se compromettait beaucoup moins en réformant une loi vicieuse qu'en tolérant son infraction ; que tout restait encore imparfait dans les institutions relatives au crédit public ; qu'il fallait doter plus richement la Caisse d'amortissement, et fortifier son influence.*

» J'étais loin d'être insensible à l'espèce d'approbation qu'il me témoignait, et je pouvais du moins conclure, de la manière indirecte dont il l'exprimait, qu'il ne négligeait aucune conquête. »

(Extrait des Mémoires du comte Mollien,
Ier volume, pages 271 et suivantes.)

Après cette citation d'un auteur aussi éminent, je trouve entachée d'hésitation et de timidité mon argumentation de tout à l'heure en faveur des marchés à terme. L'opinion que j'ai exprimée me paraît maintenant d'autant plus solide, qu'elle a pour elle l'autorité des raisons et des faits rapportés par l'ancien ministre auquel nos finances doivent en partie leur admirable organisation.

Une note nouvelle, remise à l'Empereur le 23 avril 1860, traitait de diverses mesures de crédit. Je crois utile de faire connaître une de ces mesures, et de la livrer ainsi à la discussion publique; heureux si elle était adoptée et conduisait au but que je poursuis :

L'entrée libre de la Bourse et le retrait de la loi du 23 juin 1859 sont deux améliorations projetées par le Gouvernement. La première a même, un jour, été annoncée officiellement à la Bourse, au nom de l'Empereur; la seconde est unanimement réclamée, et si la mise à exécution en a été retardée, ce n'est que parce qu'il est difficile de pourvoir au déficit qui résulterait pour la ville de Paris et pour le Trésor public du changement sollicité.

Il y a un moyen certain de satisfaire à tous les intérêts : ce serait d'imposer transitoirement (jusqu'à ce que l'accroissement de la consommation ait réparé les brèches que pourra faire momentanément à nos finances l'abaissement des droits de douane), d'imposer, dis-je, pendant deux ou trois années au plus, les marchés à terme des fonds publics.

Un droit de 2 centimes par 1,000 francs perçu sur le capital *nominal* des rentes, et sur le capital *effectif* des actions et obligations de chemins de fer et autres valeurs françaises ou étrangères négociées dans les Bourses de Paris, Lyon, Bordeaux et autres villes de France, dédommagerait amplement le Trésor et la Ville du sacrifice qui leur serait imposé, sans grever les transactions à terme de charges trop lourdes : car, pour la rente, ce ne serait que rétablir *temporairement* l'ancien droit de 50 fr. par 3,000 fr. de rentes ou 4,500 fr. rentes 4 1/2 ; et quant aux actions de chemins de fer, la suppression de la liquidation de quinzaine laisserait encore aux transactions un avantage considérable.

Ce droit de courtage, modifié au profit du Trésor, ne frapperait que les spéculateurs, et il serait ainsi moralisé : il ne grèverait pas les marchés au comptant, consacrerait implicitement les marchés à terme, et rendrait à la circulation des valeurs cette vitalité que la loi du 23 juin lui a ôtée, en éloignant les capitaux de l'étranger de notre marché ; enfin, il soulagerait les Compagnies d'embarras considérables, et relèverait la valeur intrinsèque des actions et obligations de tout ce que l'impôt leur a enlevé. Ce serait, en un mot, une excellente mesure de crédit, qui ne contribuerait pas peu à la reprise des affaires. Car on ne saurait trop le répéter, l'élévation du crédit public doit précéder et consolider tout développement sérieux et normal des entreprises commerciales et industrielles.

DE LA COTE A TERME

DES OBLIGATIONS DE CHEMINS DE FER.

En jetant les yeux sur la cote authentique de la Bourse, on y verra que la rente et une multitude de valeurs, actions de toute nature, libérées et non libérées, françaises et étrangères, jouissent du bénéfice de la cote à terme.

Dès que les *deux cinquièmes* du capital sont versés, les valeurs étrangères sont admises à profiter de cet avantage, et c'est ainsi, par exemple, que les actions du Crédit mobilier espagnol se trouvent aujourd'hui en mesure d'y participer. Les valeurs françaises, par une exception assez bizarre, soit dit en passant, ne peuvent être négociées à terme qu'après le versement des *cinq dixièmes* du capital. Mais enfin, dès que ces cinq dixièmes sont versés, l'accès du marché à terme leur est ouvert.

Les seules obligations de chemins de fer sont exclues de ce marché.

Pourquoi cet ostracisme?

Est-ce parce qu'elles représentent la portion la plus importante du capital mobilier du pays (3 milliards 1/2 dès aujourd'hui, et 9 milliards peut-être quand les réseaux actuels seront terminés)?

Mais ce serait, au contraire, une raison décisive

pour leur accorder les plus grandes facilités de négociation !

Est-ce parce que, revêtues de la garantie de l'État, hypothéquées avec privilége sur les produits des chemins de fer, elles offrent le placement le plus solide ?

Mais ce serait là un motif de plus pour élargir le terrain où l'épargne pourrait venir les chercher !

Est-ce parce qu'on redoute la concurrence qu'elles pourraient faire à la rente ?

Oui, c'est là l'objection avouée ou tacite qui a fait refuser jusqu'ici la cote à terme pour les obligations. Mais qui ne voit combien cette objection est peu fondée ? Qui ne comprend que le cours des obligations ne peut s'élever sans que le cours de la rente s'élève en même temps ? Si le cours actuel des obligations représente du 3 0/0 (remboursable à 100 fr.) au-dessous de 60 fr., quand le 3 0/0 de l'État (non remboursable) est à 70 fr., n'est-il pas évident que toute mesure qui aiderait les obligations à atteindre un cours représentant du 3 0/0 à 70 fr. produirait parallèlement une amélioration correspondante dans les cours de la rente ?

On s'effraye d'une concurrence imaginaire, impossible, et on ne voit pas que c'est précisément en concentrant la négociation des obligations sur le marché au comptant qu'on maintient pour la rente la concurrence la plus réelle et la plus redoutable !

Débarrassez le marché au comptant de cette masse de valeurs qui sont aussi bonnes que la rente, et qui, emprisonnées dans de trop étroites limites, disputent forcément aux fonds mêmes de l'État les capitaux disponibles que chaque jour voit arriver à la Bourse ; donnez de l'air et de l'espace, au lieu de retenir, de comprimer et d'étouffer, et la libre circulation des valeurs, qui est pour le crédit ce que la circulation du sang est pour la santé, s'établira aussitôt dans tous les organes qui constituent notre appareil financier.

Il n'est pas un seul des arguments opposés à la demande de la cote à terme pour les obligations qui ne puisse être invoqué à l'appui de cette mesure, qu'on est confondu d'avoir à solliciter encore.

Si l'on voulait faire quelque chose de complet, il faudrait en autorisant la cote à terme pour les obligations déjà créées, transformer en un *omnium*, ou type unique, tous ces titres, qui diffèrent aujourd'hui entre eux d'origine, de forme, de couleur, de taux d'intérêt, de conditions de remboursement, et qui, par une variété trop semblable à la confusion, déroutent souvent le public (1). Il faudrait, pour

---

(1) Il existe actuellement sur la place *quarante* espèce d'obligations différentes, et il y a telle Compagnie, la Compagnie de Lyon-Méditerranée, par exemple, qui, à elle seule, est obligée de faire le service de *quatorze* espèces de titres.

Ce service ne consiste pas seulement à payer les semestres.

l'avenir, briser la planche aux obligations, emprunter pour les Compagnies sous l'effigie même de l'État, puisque désormais le crédit de l'État est indis-

---

Chaque nature de titres a en outre un amortissement spécial, un tirage distinct, et les caisses des Compagnies sont encombrées et s'encombrent de plus en plus chaque année de roues destinées à tous ces tirages.

La Compagnie d'Orléans, pour sa part, compte déjà *treize* roues différentes.

Si l'on persiste dans le système actuel, l'opération du tirage absorbera bientôt des journées entières.

Ajoutons, pour faire comprendre d'un mot toutes les complications nouvelles que la loi du 23 juin 1857 est venue introduire dans le mécanisme administratif des Compagnies, que la nécessité de tenir les titres au porteur à la disposition des personnes qui, momentanément, préfèrent la forme nominative, oblige les Compagnies à accroître incessamment le matériel de leurs caisses.

La Compagnie d'Orléans, en ce qui la concerne particulièrement, a aujourd'hui *dix-sept caisses* de dimensions colossales, contenant près de douze cent mille titres incessamment remaniés pour conversions, mutations, transferts, etc., etc.

Quels risques, quelle responsabilité, quelles dépenses de personnel et de surveillance! quelle multiplicité de soins et d'écritures!

La Banque de France ressent le contre-coup de tous ces embarras matériels des Compagnies. On sait que, moyennant une légère commission, elle reçoit les titres en dépôt. Sa serre de Paris (je ne parle pas des succursales) occupe plus de cinquante employés, et contient à l'heure qu'il est près de *treize cent mille titres*. Deux fois par an, la Banque, pour toucher les semestres afférents à ces titres, est obligée de détacher les coupons ou d'envoyer à l'estampille dans les bureaux des Compagnies.

Déjà la place manque partout pour l'emmagasinement et la manutention des titres. Si on n'arrive pas à représenter la dette des

solublement lié au crédit des Compagnies. Alors, le marché tout entier se relèverait énergiquement de l'atonie où l'ont fait tomber les derniers événements sans doute, mais aussi, pour leur part, de fâcheux tâtonnements et de fausses mesures.

Compagnies autrement que par la menue monnaie de papier qui existe aujourd'hui, on se heurtera bientôt à de véritables impossibilités.

Je ne veux pas prévoir les cas de vol, d'incendie ou de désastre accidentel pour ne pas trop assombrir le tableau. Ce sont cependant des cas possibles, et dont la prudence humaine ne doit pas négliger de tenir compte.

QUESTION MONÉTAIRE.

Depuis la découverte des gîtes aurifères de la Californie et de l'Australie, venue si à propos pour empêcher, en France, en 1857, les désastres financiers et permettre la continuation des grands travaux publics entrepris dans l'Europe entière, une question fort débattue est celle de savoir s'il faut démonétiser l'or.

Cette mesure de la démonétisation de l'or a été prise par quelques petits États où elle a porté une certaine perturbation ; en France, et dans d'autres pays, la question a été fort agitée et reste à l'ordre du jour pour la discussion.

Faut-il un seul étalon ?

Dans le cas de l'affirmative, doit-il être en or ou en argent ?

Ou bien, faut-il conserver les deux étalons dans la proportion actuelle de 15 1/2 parties d'argent pour une partie d'or ?

Sans entrer dans de grands raisonnements, sans chercher à savoir si les mines d'argent qui, relativement à l'or, étaient jadis si abondantes, ne peuvent pas, un jour, le redevenir par une cause quelcon-

que (1), il me semble que c'est un avantage d'avoir
du numéraire en or et en argent;

Que l'équation entre les deux valeurs ne peut jamais être qu'arbitraire, fictive, comme la fixation
qui en a été faite en France;

Que c'est l'offre et la demande qui déterminent la
proportion *réelle* entre les deux métaux par la prime
qu'elle attribue à l'un des deux.

Pendant longtemps c'est l'or qui a joui de cet
avantage, aujourd'hui c'est l'argent. Qui pourrait
s'en plaindre? Cela nous a permis de nous servir,
dans les transactions ordinaires, du métal le plus
commode, de celui qui jadis n'était qu'un luxe souvent coûteux dans les mains des grands seigneurs.

Pour n'avoir qu'un étalon, il faudrait opter entre
l'or et l'argent.

Non-seulement l'argent, comme monnaie, n'offre
aucun des avantages que jadis on enviait à l'Angleterre, mais, en outre, l'argent devient de plus en
plus rare, et dès lors il est impossible d'en faire la
représentation exclusive de la valeur des choses.

Quant à l'or, il sera, de fait, l'étalon unique aussi
longtemps que la prime attribuée à l'argent subsistera.

L'argent s'écoule rapidement, dit-on; il faudrait
l'empêcher de s'exporter. Comment faire?

---

(1) Voir aux *Annexes* une note publiée par le *Moniteur* sur les
récentes découvertes faites en Californie.

Évidemment, si l'on voulait abaisser le prix de l'or et qu'une pièce de 20 fr. ne valût plus 20 fr., il faudrait ou que l'État se résignât à subir un énorme sacrifice, ou que le public perdît une somme considérable, — deux hypothèses inadmissibles.

Le mieux est de s'abstenir (1). Les possesseurs d'argent ne peuvent pas se plaindre qu'on le leur achète à prime, qu'une pièce de 5 fr. vaille plus de 5 fr., et le pays ne perd assurément rien à vendre au-dessus du pair un métal acheté au pair.

Sans doute, un jour l'argent pourrait valoir une prime supérieure à celle d'aujourd'hui, si la marche actuelle des choses se continuait de longues années; mais ce ne serait, pour le pays, qu'un manque à gagner, et non une perte.

Personne ne sait au juste ce qui arrivera avec le temps; mais, en mettant les choses au pis, en supposant qu'on en vînt à n'avoir pour numéraire que des pièces d'or, et qu'il fallût, comme l'Angleterre, n'admettre l'argent diminué de valeur intrinsèque que comme billon, le mal ne serait pas bien grand, que je sache. L'Angleterre, dont nous avons longtemps envié le système monétaire, n'est pas moins

____

(1) J'ai déjà eu occasion de traiter la question, il y a plusieurs années, dans une lettre au *Journal des Débats*. Je reproduis aux *Annexes* divers passages de cette lettre où l'opinion que j'exprimais alors s'appuyait sur des prévisions que le temps n'a fait que confirmer.

9

prospère qu'autrefois pour avoir son système monétaire basé sur le métal de tous le plus approprié à sa
destination.

En résumé, une pièce de 20 fr. vaudra toujours
20 fr., quelle que soit la valeur relative de l'argent.
Sans doute, si l'or, nonobstant les milliers de canaux
ouverts pour le recevoir, augmentait dans une mesure hors de toute proportion avec les besoins du
commerce et de l'industrie (ce n'est pas le cas depuis
quelques années, puisqu'on a vu sa rareté obliger
les Banques d'élever leur escompte jusqu'à 10 0/0),
le mouvement qui s'est produit en Europe depuis le
seizième siècle, après la découverte du nouveau
monde, continuerait de se produire de plus en plus.
C'est évident.

En effet, successivement, depuis cette époque
mémorable, et au fur et à mesure que le numéraire
en Europe est devenu plus abondant, le prix de
toutes choses a augmenté : il a fallu une plus grande
quantité de métaux précieux pour les acquérir. Qui
ne sait cela? De nos jours, le fait a été rendu très-
sensible par les importations successives d'or de
l'Amérique et de l'Océanie.

Personne ne peut empêcher un pareil résultat de
se produire : c'est la force des choses contre laquelle
il ne servirait de rien de se roidir. Mais ce fait est
entièrement indépendant de la proportion établie en
France entre la valeur relative de l'or et de l'argent.

Que cette proportion soit de 15 1/2 ou de 15, ou de tout autre chiffre, cela ne changerait rien, absolument rien aux conséquences naturelles et forcées d'une plus grande abondance de numéraire.

En un mot, *ce qu'il y a de mieux à faire dans la question monétaire, c'est de ne rien faire* (1), sauf, un jour, si cela devenait nécessaire aux besoins de la circulation, à fabriquer de la monnaie d'argent à un titre qui en rendît l'exportation impossible (2).

______

(1) La Belgique, dit-on, est sur le point de revenir sur la loi qui a démonétisé l'or, et elle fera bien.

(2) La Suisse vient tout récemment de créer une quantité de pièces de 1 fr. et 2 fr. à un titre inférieur, et de rendre légale la circulation des pièces d'or françaises de 20 et de 40 fr., et cela à la grande satisfaction du public.

UNE IDÉE

A PROPOS DU CRÉDIT FONCIER.

Le Crédit foncier de France, cette belle institution due essentiellement à l'énergique initiative et à la ferme volonté de l'Empereur, et qui, à sa naissance et pendant plusieurs années, a eu à lutter contre les préventions les plus vives, contre les préjugés les plus tenaces et les plus enracinés, cette belle institution, dis-je, a enfin reçu de l'opinion publique ses lettres de naturalisation. Elle est en plein crédit, et appelée à devenir, pour le sol, ce que la Banque de France est devenue avec le temps pour le commerce.

Ainsi se trouve justifié ce que j'écrivais à un de mes collègues de cette administration, en 1854, à une époque difficile où semblaient triompher les adversaires acharnés de cette création : « Quoi qu'en disent nos détracteurs, nous avons mis en terre un gland qui deviendra un chêne magnifique : c'est l'œuvre du temps, laissons faire au temps son œuvre....... »

Ma prédiction s'est réalisée, l'arbre est sorti de

terre ; il est visible à tous les yeux ; il grandit tous les jours, et le moment est venu où, sous l'habile direction de M. le conseiller d'État Frémy et la sage administration du Conseil, il étendra ses rameaux au loin.

L'idée relative à cet établissement, que je voudrais voir se répandre dans le pays, est celle-ci :

Il arrive presque toujours que les propriétaires de terres, même les plus grands, sont privés de capitaux et se trouvent souvent dans l'embarras pour des sommes relativement minimes. Pourquoi n'emprunteraient-ils pas au Crédit foncier une portion quelconque (le dixième, par exemple) de leur propriété, qui se trouverait ainsi mobilisée entre leurs mains.

Ils auraient, de cette manière, constamment dans leur portefeuille des obligations du Crédit foncier, avec lesquelles ils pourraient se faire de l'argent à volonté. Ce serait le *fonds de roulement du propriétaire*, et l'avantage assuré au capitaliste ou possesseur de valeurs mobilières de n'être jamais embarrassé, s'étendrait aux propriétaires d'immeubles qui, sous l'empire actuel des choses, sont généralement et trop souvent à court d'argent.

Cet avantage ne se payerait pas bien cher : le coût se réduirait aux frais d'hypothèque une fois payés et à la commission annuelle perçue par le Crédit foncier, au maximum de 60 c. par mille francs, soit 600 fr. par an pour une disponibilité constante de cent mille francs.

Certes, il me semble que personne ne devrait hé-siter à entrer dans une pareille combinaison, surtout aujourd'hui que le préjugé qui consistait à regarder comme une espèce de déshonneur l'emprunt sur hypothèque va s'effaçant de plus en plus et aura bientôt entièrement disparu, au grand avantage de la propriété foncière.

DES CAISSES D'ÉPARGNE.

Décembre 1858.

Administrateur de la Caisse d'épargne de Paris depuis bientôt quarante années, j'ai pu constater en maintes occasions que ce que l'on peut faire de mieux pour ces utiles établissements, c'est de n'apporter à leur organisation que les changements qui sont absolument nécessaires.

Dans un rapport adressé à l'Empereur l'an dernier, M. le ministre des finances s'est montré effrayé de l'importance des sommes déposées au Trésor et constamment exigibles par les Caisses d'épargne de France. Il a manifesté l'intention de modifications, qui auraient sur l'avenir des Caisses d'épargne des conséquences bien regrettables. Telle est, du moins, la crainte des personnes les mieux placées pour apprécier l'effet de nouvelles mesures restrictives.

Dans cette situation, et la crainte que M. le ministre des finances persisterait à vouloir s'affranchir des dangers qu'il semble redouter de cette trop grande agglomération de capitaux constamment exigibles, dangers qui, dans ma conviction, n'ont rien de réel au delà d'une certaine limite, j'ai recherché les moyens de concilier les désirs du ministre et les intérêts des Caisses d'épargne, au point de vue de leur développement progressif.

Ici, ce n'est pas l'administrateur qui parle; c'est simplement un ami de ces excellentes institutions. La Caisse d'épargne ne demande pas qu'on modifie son organisation actuelle, au contraire! Mais, pour le cas où une autre initiative viendrait à y toucher, j'ai personnellement essayé de formuler un projet que je livre à l'examen de tous ceux qui s'intéressent à la question :

1° Il serait créé une administration centrale des Caisses d'épargne de France.

2° Elle serait chargée de l'emploi des fonds des susdites Caisses.

3° Cet emploi serait fait ainsi qu'il suit :

Un tiers serait versé au Trésor (ce serait le fonds de roulement des Caisses d'épargne).

Deux tiers seraient employés en rentes, bons du Trésor, obligations foncières, obligations de chemins de fer garanties par l'État, et autres bonnes valeurs dont l'acquisition serait autorisée par M. le ministre des finances.

Néanmoins, toutes les fois que le montant du fonds de roulement déposé au Trésor et constamment disponible descendrait au-dessous de 100 millions, l'administration centrale aurait la faculté de verser au Trésor, jusqu'à concurrence desdits 100 millions, les sommes provenant de dépôts ou de la réalisation des valeurs du portefeuille.

4° Le maximum des dépôts serait rétabli à 2,000 fr.

5° Les Caisses d'épargne de France seraient autorisées à retenir 1/2 0/0 du taux de l'intérêt bonifié par le Trésor, pour couvrir leurs frais de gestion.

6° Les fonctions des administrateurs resteraient absolument gratuites.

7° Les bénéfices résultant de la différence des intérêts ou de la réalisation des valeurs appartenant aux Caisses d'épargne seraient appliqués à la création d'un fonds de réserve, et pourraient l'être à des fondations utiles dans les villes de l'Empire, au prorata des versements.

Il pourrait également être disposé de ce fonds pour récompenser des actions éclatantes, sous la réserve de l'approbation du Gouvernement.

8° Chaque Caisse locale conserverait son organisation actuelle. Seulement, elle serait tenue de correspondre directement avec l'administration centrale.

———

P. S. Cette note, écrite avant la guerre d'Italie, a reçu depuis, du Gouvernement, la sanction la plus heureuse, une sanction qui concilie tous les intérêts, ceux du Trésor et des Caisses d'épargne.

En effet, la Caisse des dépôts et consignations,

sous la haute impulsion de M. le ministre des finances, tend chaque jour davantage à devenir elle-même cette administration centrale des Caisses d'épargne de France que j'avais proposé de créer. Le Trésor, gardant constamment disponible un fonds de roulement au minimum de cent millions, somme plus que suffisante pour tous les besoins, sera constamment en mesure de pourvoir aux remboursements qui pourraient lui être demandés par les Caisses d'épargne, et le fonds consolidé, employé avec intelligence, rapportera, en différences d'intérêts et en bénéfices de capitaux, des sommes qui, avec le temps, formeront un fonds de réserve considérable auquel le Gouvernement pourra donner une destination utile ou généreuse.

Dans ce nouveau système, qui paraît définitivement adopté par le Gouvernement, rien ne s'opposera plus à ce que l'on relève le maximum des dépôts au taux où il était autrefois, ce qui aurait pour résultat infaillible d'imprimer un nouvel et puissant essor à ces admirables institutions.

Nous ne pouvons donc qu'applaudir, sous tous les rapports, à la sage et intelligente mesure adoptée par M. le ministre des finances, pour consolider une portion notable du capital des Caisses d'épargne.

Paris, le 25 avril 1860.

QUESTION DE LA NAVIGATION INTÉRIEURE.

Le chemin de fer est venu déposséder la navigation intérieure du privilége qu'elle a eu longtemps de transporter les marchandises à meilleur marché que tout autre mode de transport.

Néanmoins, la navigation a une utilité qui lui est propre, et l'Empereur a sagement manifesté la ferme volonté de ne pas la laisser périr sous les coups d'un nouveau venu plus fort et mieux organisé qu'elle, qui peut lui faire et lui fait une concurrence redoutable.

Le moyen qui me semblerait le plus efficace pour obtenir ce résultat, — quoiqu'il étonne au premier abord, — serait de placer la navigation entre les mains des Compagnies de chemins de fer, sous une forme à déterminer, à la charge par elles de mettre les canaux en bon état, de les entretenir, et d'organiser un bon service de batellerie.

L'État supprimerait les droits de navigation sur les rivières, et fixerait des droits de péage minimes sur les canaux; par exemple : 1 centime 1/2 pour la 1re classe, 1 centime pour la 2e classe, demi-centime pour les houilles, les engrais et tout ce qui sert à l'agriculture.

De cette manière, il n'y aurait point de monopole ni d'abus possible; la navigation serait en bon état; tout le monde, sur les canaux, à l'opposé de ce qui se passe sur les voies ferrées, pourrait circuler et organiser des services de batellerie en concurrence avec les chemins de fer, qui ne seraient pas mieux placés que le premier venu, ayant à percevoir uniquement un droit de péage infime, en compensation des charges qui leur incomberaient pour assurer l'achèvement et le bon entretien des voies navigables.

Les chemins de fer pourraient ainsi, à certains moments, débarrasser leur voie encombrée, améliorer leur service, et échapper à une concurrence folle comme celle qui peut s'établir au détriment de tous.

Si la crainte d'établir un monopole qui n'a pourtant rien de redoutable, puisque les bas tarifs le rendraient impuissant à nuire, si cette crainte faisait écarter le moyen que j'indique, il faudrait alors que l'État s'emparât sérieusement de la question des canaux, et créât pour eux une administration distincte. Il y a une administration des postes, une administration des tabacs : pourquoi n'y en aurait-il pas une aussi pour nos grandes voies navigables? En se spécialisant, la direction des canaux s'exercerait d'une manière qui donnerait certainement moins de prise à la critique, et on arriverait enfin à faire produire à ces entreprises le revenu d'utilité qui seul peut être la compensation des capitaux considérables qu'elles ont absorbés.

Les questions traitées dans cet écrit touchent à des sujets fort divers; mais elles se rattachent toutes à un but unique, comme elles procèdent d'une seule et même pensée.

J'ai foi dans la puissance du crédit fondé sur les institutions de la paix. Néanmoins, pour que cette puissance se manifeste dans toute la splendeur de ses résultats, il faut deux conditions essentielles : — la première, c'est qu'on n'en gêne pas l'essor par d'inintelligentes entraves; — la seconde, c'est que la paix qui nous sera faite ne soit pas une paix précaire, mal affermie, incertaine du lendemain, et que personne, soit en France, soit en Europe, ne puisse raisonnablement la considérer comme une simple trêve entre des campagnes finies et des campagnes méditées.

La première condition est aujourd'hui loin

d'être remplie. Il y a plus d'une réforme à faire
dans la législation et dans les traditions admi-
nistratives, ainsi que je me suis efforcé de l'indiquer dans l'exposé qui précède. Notre système
d'amortissement est défectueux à tous les points
de vue : aux yeux de ceux-là même qui le défen-
dent, il a le tort de violer, partiellement du
moins, l'engagement pris à l'égard des prêteurs ;
il fonctionne dans des conditions dérisoires pour
l'extinction de la dette ; il grève le budget de
lourds prélèvements, sans résultat appréciable,
et on peut ajouter sans nécessité réelle, puisque
l'État a sous la main et voit grandir d'année en
année les éléments d'un amortissement bien autrement sérieux et efficace. Des encouragements
ont été donnés à l'industrie sous forme de garanties d'intérêt ; mais rien n'est prévu, rien n'est
organisé encore pour empêcher que le poids de
ces garanties ne vienne un jour retomber lour-
dement sur le Trésor. L'association des capitaux et la circulation des valeurs, qu'il importait tant de développer par des combinaisons
protectrices, ont été frappées dans leur prin-

cipe vital par une loi malheureuse, qui n'a pas même atteint le but d'étroite fiscalité qu'on a pu avoir en vue, puisqu'au lieu de quatorze millions qu'on s'en promettait, elle n'en donne pas même six aujourd'hui, et que ce chétif résultat doit aller chaque année en s'amoindrissant encore par l'effet naturel et direct de la loi elle-même, qui tend à immobiliser de plus en plus les titres dans la forme nominative. Enfin, et pour ne rappeler que les traits principaux de la discussion soulevée dans cet écrit, l'État, par les conventions de 1859, s'est porté garant, dans une large proportion, de l'intérêt et de l'amortissement des emprunts à faire pour l'achèvement des divers réseaux. Mais en engageant sa responsabilité financière dans les opérations des Compagnies, il néglige de prendre le seul moyen qui puisse assurer le succès complet de la mesure. Les Compagnies ne peuvent emprunter que chèrement : l'État emprunte relativement à bas prix. C'est cependant aux Compagnies que l'État abandonne le soin de réunir les capitaux nécessaires ! En d'autres termes, et

pour employer une comparaison dont les esprits familiarisés avec la pratique commerciale
comprendront la portée, il va être tiré sur le
marché une lettre de change de plusieurs milliards, lettre de change portant deux signatures,
engageant également ces deux signatures : seulement, l'une est plus accréditée que l'autre;
elle obtient facilement de l'argent à 4 1/2, tandis
que celle-ci ne réussit à s'en procurer qu'à 5 3/4.
Est-ce la meilleure signature qui sera mise en
avant pour opérer l'emprunt indispensable aux
deux associés? Non, c'est la moins accréditée,
c'est celle qui paye le plus cher les capitaux
prêtés!

Évidemment, cela n'est ni de la prévoyance
ni de l'habileté. Aussi, pour cela comme pour
le reste, ai-je la ferme persuasion qu'on finira
par adopter une autre ligne de conduite. Si donc
la première des deux conditions fondamentales
que j'ai indiquées plus haut n'est pas encore
remplie, elle peut l'être quelque jour, tous les
hommes de bonne volonté aidant; et l'obstacle
n'a rien d'insurmontable ni de permanent.

Quant à la seconde condition, elle est, à mes yeux, d'un accomplissement plus facile encore que la précédente. J'ai dit en commençant pourquoi je crois personnellement au maintien de la paix, à l'exécution désormais durable et complète du programme de Bordeaux. D'où nous viendrait en effet la guerre? L'Europe n'en veut pas : elle le déclare par tous ses organes, et, ce qui est plus sûr encore, tous ses intérêts s'y opposent. La France n'a pas moins de motifs que l'Europe pour se tenir tranquille chez elle, et il n'est pas jusqu'à ses récentes victoires qui, par le lustre nouveau qu'elles ont donné à ses armes, comme aussi, il faut bien le dire, par le sang qu'elles lui ont coûté, ne concourent à l'apaisement de toute aspiration belliqueuse. L'Empereur Napoléon III est donc dans une situation unique pour mener à bonne fin l'œuvre des améliorations pacifiques. Plus heureux que le fondateur de sa dynastie, il n'a ni à combattre ni même à redouter les coalitions du dehors. Bien loin qu'on songe à l'attaquer, il n'a à lutter, à l'étranger, que contre la peur suscitée par une fausse appréciation de ses intentions et de son caractère. Eh bien, le plus sûr moyen de faire tomber ces injustes défiances, ce serait d'entrer hardiment dans la voie où tous nos vœux appellent le Gouvernement. Le jour où l'on verrait l'État fermer le grand livre de la guerre, ouvrir celui de la paix, engager hautement son crédit dans les entreprises que la paix seule comporte; ce jour-là, il n'y aurait plus aucun prétexte nulle part pour persister dans des appréhensions qui, se répercutant de peuple à peuple, comme un mal contagieux, font maintenir partout des armements aussi funestes à l'avenir des finances qu'à l'esprit des grandes affaires.

Qu'on me permette de le répéter en finissant, ce jour ne saurait être bien éloigné. Les vieilles idées font place partout à une philosophie plus conforme au bonheur des nations. On comprend aujourd'hui que la grandeur et la gloire ne consistent plus seulement dans le bruit des armes et dans le retentissement des champs de bataille. L'héroïsme militaire conserve sans doute le

10.

prestige qui lui est propre, mais il n'obtient plus seul l'admiration de l'humanité. On reconnaît que, s'il brille avec éclat, c'est trop souvent sur des ruines, et que, s'il accumule d'immenses forces, c'est dans un but exclusif de destruction. Plus cette expérience se renouvelle, plus il est naturel qu'on se sente poussé vers le culte de cette autre gloire qui crée au lieu de détruire, qui répand partout l'aisance et la richesse au lieu de faire verser du sang et des larmes; qui sait, en un mot, rendre les peuples heureux, sans les empêcher de rester respectés, honorés et illustres.

Un gouvernement doit d'autant plus ambitionner ce genre de grandeur, qu'indépendamment des biens dont cette grandeur est la source, on peut dire qu'elle sera désormais le seul moyen vraiment nouveau de se recommander aux suffrages de la postérité.

Fr. BARTHOLONY.

Paris, le 25 novembre 1859.

ANNEXES.

QUELQUES PAGES OUBLIÉES.

Le propre des convictions profondes et sin-
cères, c'est de rester fidèles à elles-mêmes : les
circonstances peuvent changer, sans en altérer
la nature et sans en éteindre l'ardeur. Le temps,
au contraire, en modifiant les situations, en va-
riant l'aspect des choses, ne fait qu'ajouter une
force nouvelle à ces convictions, car il leur ap-
porte chaque année ces éclatantes sanctions
qui naissent de l'expérience. Mêlé depuis un
quart de siècle aux discussions soulevées autour
des grandes questions économiques et industrielles, je me retrouve aujourd'hui avec les
opinions que je soutenais au début, mais raf-
fermi dans mes idées par la consécration que
plusieurs d'entre elles ont reçue de la marche
des événements et d'une application commencée déjà sur une vaste échelle.

Sous ce titre : *Quelques pages oubliées*, il me

sera permis de réunir ici quelques fragments dispersés dans de nombreuses publications, qui ont paru à des époques et sous des régimes bien divers, et qui toutes, cependant, attestent la persévérance de mes efforts en même temps que l'unité de mes tendances. On me jugerait bien mal, si l'on voyait dans cette reproduction une frivole satisfaction d'amour-propre. Ces pages, quoique anciennes, se rattachent si étroitement aux questions abordées dans la présente brochure, qu'on peut les considérer comme un complément presque nécessaire, en ce qu'elles développent plusieurs points de vue laissés dans l'ombre par la première édition.

QUESTIONS COMMERCIALES.

DE LA TRANSACTION A FAIRE
RELATIVEMENT AUX DROITS D'ENTRÉE DES RAILS
ET DES MACHINES LOCOMOTIVES (1).

Si le système protecteur de nos produits a beaucoup de défenseurs intéressés, il faut reconnaître que, d'un autre côté, les partisans de la liberté commerciale font chaque jour de nouveaux prosélytes. On conçoit mieux maintenant que le commerce n'est qu'un échange des productions de chaque pays, et que sa prospérité demande le plus de facilités possible dans les transactions entre les différents peuples; on comprend qu'il n'y a pas de motifs pour protéger indéfiniment, à grands frais de douanes et de surveillance, et au préjudice des consommateurs, des industries qui, souvent, ne sont pas nées viables, et qui, conséquemment, ne seront jamais appelées à se développer sérieusement et utilement; que la sagesse conseille de ne rien faire que ce que l'on peut faire bien et à bon marché; que chaque pays, enfin, a une industrie et des produits qui lui sont propres, et que le véritable commerce consiste dans l'échange de ces produits avec ceux que d'autres contrées possèdent seules, ou créent plus avantageusement qu'on ne pourrait le

(1) Extrait de la brochure intitulée : *Du meilleur système à adopter pour l'exécution des travaux publics.* 1837; pages 124-130.

faire soi-même (1). Certes, il ne serait pas plus absurde, de la part de l'Angleterre, de vouloir produire des vins aussi bons et à aussi bon marché que ceux de la France, qu'il ne le serait à celle-ci de s'obstiner indéfiniment à produire des objets auxquels elle n'est pas propre ; il est évident que ces deux pays se trouveraient beaucoup mieux de faire des échanges mutuellement avantageux.

Nous n'entendons point, cependant, nous faire l'apôtre de la liberté absolue du commerce ; nous n'admettons cette idée, dans son entier, que comme une belle théorie qui ne recevra son application que dans des temps plus éloignés, et jamais dans toute sa pureté. Si toutes les nations en étaient au même point sous le rapport de l'industrie, personne assurément ne soutiendrait le système protecteur, et la liberté commerciale absolue serait unanimement proclamée ; mais il n'en est point et il n'en peut être ainsi : l'inégalité existe là comme partout.

L'Angleterre, après s'être protégée longtemps et plus qu'aucune autre nation, prêche aujourd'hui la liberté du commerce ; mais c'est uniquement parce que l'état florissant de son industrie lui permet de dominer sur presque tous les marchés. La France, entrée longtemps après dans les voies industrielles, ne peut encore soutenir la concurrence sur une quantité d'articles ; et ce serait, à notre avis, une grande imprudence que d'abaisser, inopinément et brusquement, les barrières protectrices de son industrie nationale.

---

(1) On admire la division du travail entre individus : *la liberté du commerce n'est autre chose que la division du travail entre nations.*

Ainsi donc, à nos yeux, la liberté commerciale absolue n'est point admissible chez nous, au moins quant à présent. *Mais ce que nous voudrions, c'est que l'on eût constamment en vue les moyens de s'en rapprocher le plus possible, et en opérant par voie de transaction, selon les temps, les lieux et les circonstances ; ce serait le moyen d'arriver, sans secousse, à un état de choses satisfaisant pour tous les intérêts* (1).

En attendant que le temps et l'expérience aient mûri cette immense question, il est permis de chercher, en vue d'une émancipation qui, bon gré, mal gré, aura infailliblement lieu tôt ou tard, ce qu'il serait possible de faire, aujourd'hui, sans blesser les intérêts nombreux et puissants qui se rattachent à l'ordre de choses actuel. Or nous dirons, en thèse générale, que, s'il est vrai que beaucoup de personnes aient engagé des capitaux sur la foi du système protecteur, et méritent ainsi des ménagements, il est vrai aussi que l'application de ce système ne peut être réclamée avec autant de raison lorsqu'il s'agit de satisfaire des besoins qui étaient hors de toute prévision ; que, d'ailleurs, cette protection ne peut pas être

---

(1) Nous citerons à ce sujet l'association récente d'une grande partie des États de l'Allemagne, qui est, sur une petite échelle, une application très heureuse du principe en ce qu'il a de réalisable en ce moment. En effet, cette partie de l'Europe, par sa division en une multitude de petits États, était hérissée de lignes de douanes qui désespéraient les voyageurs, entravaient les transactions et étouffaient l'industrie. Par cette association, les limites de ces petits États ont été reculées, et c'est ainsi que s'est réalisé pour vingt-cinq millions d'habitants le rêve de la liberté du commerce.

plus invariable et perpétuelle que les causes qui l'ont fait
accorder. En effet, on conçoit facilement que, pour favoriser une industrie naissante, faible encore, et qui a
besoin de protection pour se développer, on interdise en
sa faveur, pendant un certain temps, la rivalité des
mêmes produits étrangers; mais il ne s'ensuit pas que le
consommateur doive, *éternellement*, être condamné à
payer chèrement chez lui une marchandise moins bonne
que celle qu'il pourrait se procurer à un moindre prix
chez ses voisins.

Un pareil état de choses doit forcément avoir un terme;
et c'est ce terme qu'il importerait de fixer à l'avance et
de régler graduellement et immuablement : agir autrement, ce serait s'interdire la voie aux plus sages réformes (1).

Nous disons donc qu'il est bien d'encourager, en
France, toutes les industries qui peuvent y prospérer, ou,
au moins, celles qui semblent le promettre avec quelque
apparence de fondement; protéger ces industries à leur
naissance par un droit protecteur, rien de mieux : il ne
faut pas condamner l'enfant au berceau à lutter contre un
homme dans la force de l'âge; il faut auparavant le
laisser croître, grandir et se fortifier, rien de plus naturel, de plus logique et de plus juste; mais, s'il est né

---

(1) On pourrait d'autant mieux renoncer, dans un certain délai,
au système protecteur tel qu'il est établi aujourd'hui, qu'avec le
temps les voies de communication s'amélioreront et se compléte-
ront; et que dès lors l'industrie jouira des avantages les plus
essentiels à son développement, avantages dont maintenant elle
est presque totalement privée.

dans des conditions défavorables , s'il reste dans un état d'énervation sans espoir pour l'avenir, s'il ne peut vivre que par des moyens factices, si jamais, ou même seulement dans un temps très-éloigné, il ne devait lui être possible de lutter avec avantage, alors il faudrait l'abandonner et reporter sur des sujets mieux organisés des soins et une protection dont on serait au moins dédommagé plus tard.

En un mot, nous voudrions que, désormais, l'on n'accordât de protection qu'aux industries qui ont chance presque certaine de pouvoir se soutenir, un jour, par leurs propres forces; qu'on limitât, à l'*avance*, l'importance et la durée de cette protection; qu'on la diminuât, peu à peu, jusqu'à ce qu'enfin ces industries, livrées à elles-mêmes ou à peu près, vécussent ou mourussent, selon qu'elles auraient justifié ou non les espérances qu'elles avaient fait naître (1).

En procédant ainsi, aucunes réclamations, aucunes récriminations ne seraient possibles; chacun, en se livrant à une industrie, saurait d'avance sur quoi compter; personne n'aurait le droit de se plaindre, et le pays n'en serait pas réduit à cette fâcheuse alternative, ou de ruiner beaucoup d'industriels qui se diraient sacrifiés, ou de payer perpétuellement les frais des erreurs de ces mêmes industriels : ceux-ci sachant, d'ailleurs, que les droits qui les protégent ne sont pas immuablement éta-

---

(1) Toutes choses égales, d'ailleurs, les produits indigènes auront toujours en leur faveur les frais inévitables dont sont chargés ceux de l'étranger pour arriver en France : c'est incontestable.

blis, comprendraient mieux que la prospérité d'une entreprise dépend, surtout, de l'intelligence et de l'activité avec lesquelles on la dirige.

Voilà, selon nous, la marche que l'on devrait suivre à l'avenir. Il serait même à désirer qu'on l'adoptât dès à présent : car, si l'on veut sortir du cercle vicieux dans lequel nous tournons depuis si longtemps ; si l'on veut en sortir sans secousse et sans provoquer de grands malheurs ; si l'on veut, au moins, atténuer ceux qu'on ne pourrait éviter, on ne saurait trop se hâter d'établir une échelle décroissante pour les droits protecteurs, échelle graduée selon les besoins, en ayant égard, bien entendu, à l'état de nos diverses industries et à la protection dont il peut être juste et utile de les environner encore un certain temps.

QUESTION DES CHEMINS DE FER (1).

L'application de la vapeur à la navigation et aux chemins de fer ne peut être comparée, par son importance, qu'à l'invention de l'imprimerie ou à la découverte de l'Amérique, événements qui ont changé la face du monde. L'application de la vapeur à la locomotion est la découverte du siècle ; elle a donné une nouvelle puissance à l'homme, celle de faire disparaître les distances ; et, au moyen de cette puissance, que le temps développera encore, un jour viendra où toutes les parties du continent européen seront aussi rapprochées les unes des autres que si elles ne formaient qu'un seul État. Qui pourrait dire, en s'arrêtant sur cette pensée, ce que l'avenir promet de civilisation et de bien-être? Ce n'est à rien moins qu'à la paix universelle, dans un temps plus ou moins éloigné, que conduisent irrésistiblement ces moyens rapides de communication entre les hommes ; en effet, les rapports multipliés à l'infini entre les nations et les individus, la communication instantanée des idées, l'association intime des intérêts, le développement du commerce, tout doit désormais concourir à rendre les guerres de moins en moins possibles.

Déjà, les bienfaits qu'on doit attendre de l'exécution

____

(1) Conclusion de la brochure : *Du meilleur système à adopter pour l'exécution de grands travaux publics.* 1837; pages 154-163.

des chemins de fer, s'ils ne sont pas entièrement compris, sont au moins pressentis ; car, de tous côtés, nous voyons les Gouvernements et les peuples se préoccuper vivement des avantages qu'on doit en retirer ; enfin, partout déjà on met la main à l'œuvre ; et l'on peut dire que les créations de chemins de fer sont aujourd'hui devenues la pensée dominante de tous les pays civilisés. Dans ce mouvement général, la France restera-t-elle plus long-temps en arrière ? Cela serait déplorable s'il en pouvait être ainsi : car, il ne faut pas se le dissimuler, s'il y a beaucoup à gagner pour les nations qui seront les pre-mières en possession des chemins de fer, il peut y avoir beaucoup à perdre pour celles qui les posséderont les dernières ; en effet, ces chemins devant, surtout et d'a-bord, créer de nouveaux débouchés et de nouvelles industries partout où ils seront établis, c'est renoncer à prendre rang parmi les nations les plus avancées que de ne point, sinon précéder, au moins entrer en même temps que les autres dans cette nouvelle carrière ouverte à toutes les améliorations.

Dans l'état actuel des choses, il est donc du plus haut intérêt de s'occuper sans retard, et par tous les moyens dont on peut disposer, de l'exécution des nouvelles voies de communication ; on le doit sous peine de déchoir ; c'est seulement ainsi que l'on réparera le temps perdu et qu'on placera la France au rang qui lui appartient parmi les États commerçants et industriels. Opérer autrement, ce serait reporter à un terme fort éloigné le moment où elle retirera de ces modes de transport tous les avan-tages qu'elle doit en attendre : car les nouvelles voies ne doivent point être considérées uniquement sous le rapport de leur utilité locale : leur destination réelle est de rapprocher et de mettre en rapport les points les plus éloignés, le midi avec le nord, l'est avec l'ouest. Or le chemin de fer de Paris à la frontière belge, par exemple, sera incomplet tant que celui de Paris à Marseille ne sera point exécuté ; jusque-là, il n'aura qu'une utilité relative. C'est donc dans son ensemble qu'il faut embrasser la question des nouvelles voies de communication en en général et des chemins de fer en particulier ; c'est seulement en l'examinant sous ce point de vue que l'on comprendra bien les avantages immenses que ces nouvelles voies doivent procurer au pays, et que l'on se convaincra de la nécessité de les exécuter toutes, et au plus tôt.

Nous avons vu que l'État seul ne peut se charger de travaux aussi immenses ; outre qu'il n'exécute qu'à très-grands frais, ce serait risquer de se trouver un jour avec une grande quantité d'ouvrages inachevés, ou au moins, d'en voir l'achèvement indéfiniment ajourné : la part de l'administration, dans ces travaux, doit donc se borner à ceux dont les compagnies refuseraient de se charger. D'un autre côté, nous croyons avoir démontré que l'industrie privée, aidée du crédit de l'État, pouvait prétendre à exécuter, avec économie et promptitude, tous les grands travaux d'utilité publique ; sauf, cependant, ceux dont l'entreprise ne promettrait pas de produit, ou ne promettrait que des produits insuffisants.

Nous avons également démontré que l'appui de l'État devait se borner à la garantie d'un minimum de revenu de 4 pour cent, et que ce mode d'encouragement suffisait pour réunir tous les capitaux nécessaires, lorsque d'ailleurs les entreprises promettraient de beaux résultats; car, sans cette condition première, la garantie serait évidemment insuffisante pour faire entreprendre de grands travaux.

Nous avons prouvé que cette garantie, dans la plupart des cas, n'entraînerait aucun sacrifice de la part du Trésor; ou que, s'il était quelquefois appelé à en faire, ces sacrifices seraient toujours bien inférieurs aux avantages qu'ils lui procureraient; il est même incontestablement ressorti de ce que nous avons dit à ce sujet que, si l'État devait servir pendant quarante-six ans la *totalité* de l'annuité pour *tous* les travaux garantis, *ce qui serait bien assurément le pire des cas possibles*, sa position serait meilleure encore que s'il les eût exécutés lui-même, puisque, devenant alors propriétaire des ouvrages, il se les fût procurés à meilleur marché que si les ponts et chaussées les eussent faits, et qu'enfin c'eût été au moyen d'une émission de 3 pour cent *au pair*, c'est-à-dire avec 20 ou 25 pour cent de bénéfice sur le cours de cette valeur.

Nous avons enfin démontré la parfaite moralité de ce mode d'intervention du gouvernement dans les grands travaux d'utilité générale, mode qui consisterait à n'aider que lorsqu'il s'agirait d'empêcher la ruine des compagnies concessionnaires, c'est-à-dire lorsque l'assistance serait devenue un acte de nécessité et de justice.

Si nous sommes parvenu à faire passer nos convictions dans l'esprit des personnes appelées à prononcer sur l'importante question que nous avons traitée ; si nous avons réussi à faire comprendre tout le bien qui doit résulter de l'application de notre système à toutes les grandes entreprises d'utilité publique, nous ne doutons pas que l'on ne s'empresse d'accorder la garantie d'un minimum de revenu à toutes les compagnies solides et honorables qui la demanderont, afin d'exécuter les travaux que le pouvoir aurait intérêt à encourager ; nous allons même plus loin : notre opinion serait qu'on l'imposât à celles qui ne la demanderaient pas, pourvu toutefois qu'elles réunissent les conditions financières et autres qui commandent la confiance ; enfin, nous entendrions que le gouvernement fît, de la garantie d'un *minimum* de revenu, une application générale à toutes les grandes entreprises de travaux publics, toutes les fois que leur importance ne permettrait évidemment point d'en calculer les résultats à l'avance et avec quelque certitude. Ceci pourra, au premier abord, paraître assez extraordinaire, car il n'est pas dans les idées reçues de donner à qui ne demande rien ; mais, outre qu'il est souvent nécessaire qu'un gouvernement impose des mesures conservatrices des intérêts du public, lors même que le public n'y songe pas, ce que nous proposons n'est que la conséquence du système que nous venons de développer.

En effet, que voulons-nous ? *l'alliance du gouvernement avec l'industrie privée ;* or quelle alliance y aurait-il entre l'État et les compagnies abandonnées à elles-mêmes ? aucune ; il est donc nécessaire que, pour les grands travaux, la garantie soit imposée aux compagnies.

11.

Par ce moyen, l'État sera non-seulement en position, mais encore dans l'obligation d'être scrupuleux sur le choix qu'il aura à faire entre celles qui se présenteront; ce qui, en premier lieu, assurera une prompte et loyale exécution, et créera à l'État un droit de contrôle sur toutes les opérations; droit qui ne pourrait être que très-limité, s'il n'avait aucun intérêt dans les résultats; de plus, ainsi que déjà nous l'avons dit, la garantie donnera aux actions qui en jouiront le caractère de l'effet public, caractère précieux qui les classera dans des mains sages et prudentes, et qui les rendra propres à satisfaire une infinité de besoins, tels que l'utilisation des fonds des caisses d'épargne, etc. Enfin, la garantie par l'État d'un minimum de revenu conduit tout naturellement à la coopération des membres des ponts et chaussées dans l'exécution des travaux, coopération dont nous avons donné l'idée dans notre premier mémoire, et que nous regardons comme le complément de notre système d'alliance du gouvernement avec l'industrie privée.

Nous dirons, pour nous résumer, que l'industrie privée, abandonnée à elle-même, est impuissante pour exécuter des ouvrages exigeant de très-grands capitaux; et que, d'ailleurs, voulût-elle le tenter, le gouvernement et les Chambres, dans une sage prévoyance, devraient l'en empêcher, car ce mode entraînerait des conséquences dont se ressentirait le pays tout entier; que, d'un autre côté, l'exécution de tous les grands travaux par l'État seul n'offre pas moins d'inconvénients ni moins de dangers.

Pour rendre, en un mot, toute notre pensée, nous

dirons que si l'État doit accorder la garantie d'un minimum de revenu aux compagnies respectables qui se présenteront pour exécuter les grands travaux d'utilité générale, désirés et approuvés par les pouvoirs de l'État, il doit devenir lui-même exécutant lorsqu'il s'agira d'ouvrages qui, bien qu'également nécessaires, n'offriraient cependant pas assez de chances de produits pour attirer l'industrie privée.

Voilà comment nous entendons la participation de l'État dans l'exécution des travaux, et, certes, sa part est belle ; c'est même la seule qui convienne à la dignité d'un gouvernement dont la mission est, avant tout, d'aider, de protéger et d'encourager les entreprises utiles au pays, et non de se poser en concurrent de l'industrie privée, au risque de tout empêcher.

C'est donc seulement par l'alliance des forces gouvernementales avec celles de l'industrie que l'on arrivera, selon nous, à une prompte et entière exécution de ces travaux que le pays attend avec une si vive et si juste impatience.

Or, si nous ne nous trompons pas, si l'adoption de ce système produisait ce résultat, la France, dans un court espace de temps, se trouverait placée au rang qu'elle ambitionne et auquel elle a droit de prétendre.

En effet, peut-on dire où s'arrêterait le développement de son commerce et de son industrie, avec ces nouvelles voies de communication qui la traverseraient dans tous les sens, et dont l'exécution seule eût porté existence et profit à une multitude de personnes de toutes les classes ? Quelle plus vaste carrière peut-on ouvrir à l'activité physique et intellectuelle de la nation? D'un autre côté, quels produits nouveaux et considérables ne procurerait pas au Trésor la création de ces immenses travaux? . Produits qui, en définitive, permettraient de dégrever les impôts les plus pesants et d'encourager, de plus en plus, les entreprises qui influent le plus sur la prospérité publique! Si la France, placée au centre de l'Europe et à la tête de la civilisation; si la France, qui ne peut rien faire de grand et d'utile qui ne soit immédiatement offert à l'imitation des peuples qui l'entourent, donnait l'exemple de l'application du crédit national à l'encouragement des grands travaux d'utilité générale, elle aurait introduit une innovation dont les résultats sont incalculables.

Peut-être trouvera-t-on que nous exagerons le bien que peut produire le système dont nous nous sommes fait le défenseur; mais puisque, dans le moment où vont se décider ces grandes questions de travaux publics, nous avons cédé au désir de publier le résultat de nos réflexions, nous devions, pour être consciencieux, donner notre opinion tout entière sur cet important sujet, le plus vaste, peut-être, qui ait encore été soumis aux corps délibérants.

En agissant ainsi, nous avons cru céder à un devoir. Si nous nous étions trompé, si l'on ne partageait pas notre manière de voir, nous oserons, au moins, nous flatter qu'on rendra justice aux motifs qui nous ont dirigé, et qu'on nous pardonnera une insistance qui n'est due qu'à la force de nos convictions.

DE LA FIXATION DES TARIFS

PAR LES COMPAGNIES (1).

Nous avons constamment soutenu, en principe, que les compagnies devaient être libres pour la fixation des tarifs, et notre opinion, bien arrêtée à cet égard, découle de la conviction où nous sommes qu'il existe une corrélation intime entre les intérêts qui sont en présence dans cette grande question d'économie publique : l'intérêt des propriétaires des voies de communication et l'intérêt de ceux qui sont appelés à s'en servir. En effet, d'une part, l'usage de ces voies est purement facultatif, et, d'autre part, l'avantage évident des propriétaires des voies de communication est d'attirer le plus de voyageurs et de marchandises possible ; or ceux-ci n'ont d'autre moyen d'arriver à leur but que de rendre leur tarif accessible à tous.

C'est donc une vérité palpable, que les compagnies sont les premières intéressées à fixer des tarifs modérés ; cependant, si, malgré son évidence, cette vérité n'en était pas une pour tout le monde, et que l'on craignît encore que des compagnies n'abusassent de la liberté qu'elles auraient de fixer elles-mêmes les tarifs, on peut trouver un motif de complète sécurité dans le droit de rachat que

---

(1) Extrait de la brochure : *Du meilleur système*, etc. — 1837 ; p. 136, 138, 150, 153.

le gouvernement peut se conserver, et dans celui qu'il se conserve toujours, d'autoriser l'ouverture d'autres chemins ou d'autres canaux en concurrence avec ceux que des concessionnaires, d'une avidité aveugle, chargeraient de droits trop élevés; ce droit de rachat et cette concurrence permanente seraient des garanties suffisantes et tout à fait rassurantes.

Mais il est si vrai que le seul intérêt des compagnies suffit pour les rendre modérées dans la fixation des tarifs, que l'Amérique, où la liberté sur ce point existe dans toute son étendue, est aujourd'hui le pays modèle en fait de voies de communication; donc, tout le monde s'y est bien trouvé de cette liberté que l'on parait tant redouter ici. Cependant, si, dans ce pays où il y a peu de routes anciennes en concurrence avec les nouvelles, on s'est bien trouvé de laisser aux compagnies la libre fixation des tarifs, on doit bien moins craindre l'effet d'une mesure semblable en France, où les anciennes voies de communication ne manquent pas.

Néanmoins, nous n'osons pas nous flatter de ramener à notre opinion toutes les personnes qui, par habitude plus que par réflexion, lui sont diamétralement opposées; toujours il se trouvera, nous le craignons, des gens que séduira la pensée de réduire un péage à rien ou presque rien, et cela, sans vouloir se rendre compte des suites de l'application d'un pareil principe; aussi, bien que, dans un chapitre précédent, nous ayons assez clairement fait ressortir les conséquences de ce principe, nous croyons ne pas devoir laisser passer l'occasion de dire encore quelques mots à ce sujet; car on ne saurait trop combattre une pensée admise légèrement par tant de monde, et qui, par cela même, pourrait produire des résultats déplorables.

———

. . . .

C'est une chose fort délicate que la fixation et la classification d'un tarif ; c'est une question qui ne peut être résolue que par l'expérience et après beaucoup de tâtonnements ; un tarif étant une chose essentiellement variable, ce n'est qu'au moyen d'enquêtes continuelles, faites avec suite, avec intelligence, avec l'esprit et la connaissance des affaires, que l'on peut arriver à des fixations qui satisfassent tous les intérêts ; aussi, n'y a-t-il que l'industrie privée, avec l'activité et la surveillance qui lui sont propres, qui puisse apporter dans ses investigations le zèle et la promptitude nécessaires : nous regardons, en conséquence, la classification des tarifs comme une chose à laquelle le gouvernement ne peut pas prétendre dans sa position. Il a, d'ailleurs, déjà montré son inhabileté à ce sujet, et ce sont encore les canaux qui nous en fourniront la preuve. On sait, en effet, que tous les tarifs arrêtés en 1822, pour les canaux, ont été modelés sur un seul, sur celui d'Aire à la Bassée, sans que l'on ait eu aucun égard aux circonstances diverses, aux localités différentes et à une foule de considérations qui font de la fixation d'un tarif une œuvre raisonnée ; et, certes, les changements que l'on voudrait apporter à cet état de choses seraient aussi mal conçus que la fixation primitive ; car il ne nous paraît pas possible que l'administration fasse mieux aujourd'hui qu'alors ; en lui supposant même tout le zèle désirable, sa position ne lui permet pas d'avoir l'attention constamment portée vers les améliorations de détail que les circonstances peuvent exiger, d'un moment à l'autre, dans la classification des tarifs.

Nous le répétons donc, si le gouvernement, aussi bien que les Chambres, interviennent dans les tarifs à arrêter pour les nouvelles voies de communication, ils doivent se borner à fixer des *maximum* assez larges, pour laisser aux compagnies toute facilité de les modifier, selon que l'exigeraient l'intérêt des entreprises ainsi que les convenances de ceux qui en feront usage. En procédant ainsi que nous le proposons, l'intérêt public serait satisfait, si les *maximum* présentaient une économie notable sur la voie de terre actuelle ; il suffirait, d'abord, que cet avantage fût assuré ; sauf, ensuite, aux compagnies à réduire ces *maximum*, selon les lieux, les besoins et la nature des objets à transporter ; mais, pour les marchandises précieuses qui voyagent actuellement à grands frais par les diligences, pour les voyageurs riches qui ne craignent pas de payer des places privilégiées, il n'y aurait aucun inconvénient à appliquer même le *maximum* du tarif ; ceci serait, d'ailleurs, dans l'intérêt de la chose publique, car cela permettrait aux compagnies d'abaisser d'autant plus le prix du transport pour les dernières classes de voyageurs et pour les marchandises de consommation générale ; ce serait, enfin, le moyen de rendre les chemins de fer accessibles à tout le monde.

En définitive, on reconnaîtra que la question des tarifs

est beaucoup plus grave qu'on ne paraît le penser généralement; nous appelons donc l'attention du gouvernement et des Chambres sur cette importante matière. Dans
notre conviction, les tarifs devraient être librement dé-
battus entre le public et les compagnies; nous croyons
fermement que c'est la manière la plus rationnelle de
résoudre cette question. Cependant, si l'on craignait de
laisser un champ sans limites aux compagnies, il faudrait,
au moins, en l'absence de tout régulateur sûr, et pour
ne rien laisser au hasard, que le gouvernement et les
Chambres n'intervinssent que pour fixer des *maximum*
élevés : ce serait seulement ainsi que l'on éviterait de
compromettre des entreprises dont on doit vouloir le
succès, parce que, d'abord, étant d'une utilité générale,
leur prospérité touche tout le monde, et, en outre, parce
que l'État, soit qu'il accorde un *minimum* de revenu,
soit qu'il devienne, par la suite, propriétaire des chemins
de fer ou des canaux, ne restera jamais étranger au sort
de la plupart de ces entreprises.

L'ÉTAT DOIT-IL EXÉCUTER LES TRAVAUX? (1)

. . . .

Ce serait, néanmoins, une erreur de croire que tous les tâtonnements, tous les débats qui ont eu lieu aient employé en pure perte un temps précieux. Non, il n'en est pas ainsi; les discussions de la session dernière ont fait faire un pas immense à la question. En repoussant, avec une énergie et une unanimité dont les annales parlementaires offrent peu d'exemples, le projet du gouvernement, de se charger lui-même et sans partage de l'exécution de tous les grands travaux publics, la Chambre a rendu un immense service au pays. En effet, il importait infiniment que cette grande question : *L'État doit-il exécuter lui-même les travaux?* fût enfin et une fois pour toutes nettement posée et nettement résolue.

Elle l'a été, l'an dernier, de la manière la moins équivoque; et, par la sagesse de sa décision, la Chambre a consacré définitivement le principe le plus conforme aux saines notions de l'économie politique : *L'exécution des travaux publics par tous les moyens dont le pays dispose.*

Pourquoi faut-il qu'une aussi sage décision se soit presque aussitôt trouvée comme infirmée, et par la Cham-

____

(1) Extrait de l'APPENDICE à l'écrit : *Du meilleur système à adopter pour l'exécution des travaux publics.* — 1839 ; pages VII, VIII, XI, XVI de l'INTRODUCTION.

brė qui venait de donner gain de cause à l'esprit d'association !

. . . .

Si la Chambre, toujours trompée, devait continner à
voir dans l'industrie privée, non un auxiliaire utile,
dont, pour la viabilité du territoire, on peut tirer d'immenses secours, mais un ennemi caché, contre lequel le
pouvoir ne saurait s'armer de trop de rigueurs ; oh!
alors, mieux vaudrait octroyer à l'administration, sans
hésitation et sans plus de délai, ce monopole des travaux
publics qu'elle ambitionne et que lui souhaitent d'impru-
dents amis. Car, il n'y a pas de milieu : il faut ou re-
pousser tout à fait l'industrie des travaux publics, ou
cesser de lui contester les droits les plus légitimes, et
surtout ne plus lui refuser la protection sans laquelle
elle serait frappée d'impuissance.

Oui, faible et débile comme il est, si l'esprit d'association n'est pas *encouragé, protégé, honoré*, il restera
longtemps encore sans force et sans vigueur, et incapable de rien produire de grand et digne de la France (1) ;

____

(1) Tandis que M. Dupin lance du haut de la tribune l'anathème
contre les grandes entreprises industrielles, et qu'il flétrit de
l'épithète d'agioteurs les personnes de leurs fondateurs, en Autriche, pays rétrograde à ce qu'on dit, on procède différemment.
En effet, on écrit de Vienne (10 avril) : « L'Empereur a élevé à la
» dignité de comte de l'Empire M. le baron Sina, banquier de cette
» ville, qui a si bien mérité de l'industrie nationale par les grands
» établissements manufacturiers et par les trois lignes de fer dont
» il est le fondateur. »
Ainsi, c'est dans les pays à gouvernement absolu qu'il faut
aller chercher des exemples! Chez nous, l'envie gâte tout ; et Ri-
quet, s'il vivait encore, pour prix de son immortel ouvrage serait
appelé agioteur!...

et alors, nous le répétons, mieux vaudrait cent fois donner tout de suite gain de cause à son puissant rival, car si l'on peut reprocher beaucoup de choses à l'État comme exécuteur des travaux publics, on ne peut lui dénier la puissance qu'il trouve dans le crédit public, dont il dispose; et, quand il s'agit d'aussi grands travaux, la puissance de les exécuter est sans contredit la partie du problème la plus difficile à résoudre.

D'ailleurs, l'application de l'industrie privée aux travaux publics n'est réellement désirable qu'autant qu'on lui accordera les moyens de se déployer *largement, sur une base solide,* et d'acquérir une force qui réponde à la grandeur de la tâche qu'on veut lui imposer. On sait les merveilles créées en Angleterre et aux États-Unis par l'industrie féconde des voies de transport; elles tiennent surtout à ce que, dans ces pays, l'industrie est traitée en amie et en bienfaitrice. Ici, qui le croirait? dans la part à lui faire, on n'a paru préoccupé, en certains lieux, que de la peur de voir l'État privé de l'influence gouvernementale que les grands travaux publics donnent, et encore de je ne sais quelle autre crainte (triste héritage des fautes de la Restauration), de voir l'association se développer avec une trop grande force et les chefs de l'industrie privée acquérir trop de puissance. Quel inconcevable oubli de l'esprit et des besoins de notre époque!

Puissent des idées plus saines, en matière de travaux publics, émaner bientôt du gouvernement, et les fautes commises être bientôt réparées! C'est à cette condition seulement qu'il nous sera donné de voir le pays sortir de l'espèce de léthargie dans laquelle il est plongé, sous ce rapport, et échapper à la honte d'une infériorité que l'on pourrait à bon droit reprocher à ses législateurs.

Car, pour toutes ces questions, les Chambres, semblables à des navires sans gouvernail, flottent au gré des vents; elles sentent cependant vivement le besoin de donner aux difficultés que ces questions ont fait naître une solution prochaine, et elles appellent de tous leurs vœux le pilote qui doit les conduire au port.

Vienne donc, et puisse se montrer bientôt au milieu d'elles, l'homme d'État à la volonté ferme et persévérante, à l'esprit hardi et aux vues élevées, qui, nouveau Colbert, saura donner l'impulsion et une sage direction au mouvement commercial et industriel, caractère distinctif des temps où nous vivons (1).

---

(1) Des esprits chagrins, décidés d'avance à tout blâmer (que Dieu leur fasse paix!), ont été assez aveugles pour critiquer amèrement la tendance du siècle à s'occuper activement des intérêts matériels; comme si l'on ne pouvait s'occuper à la fois du corps et de l'âme, et comme si le bonheur matériel était au prix de la moralité et du développement de l'intelligence! Nous pensons, au contraire, que là où règne cette politique qu'on voudrait flétrir par l'épithète de politique d'intérêts matériels, là règne aussi le plus d'instruction et, par suite, le plus de moralité. Que l'on compare l'Amérique avec le Portugal, l'Angleterre avec l'Espagne.

Les hommes véritablement philanthropes, qui encouragent de tous leurs efforts le travail, ne doivent pas se laisser décourager par le reproche insensé qu'on leur adresse de vouloir arrêter la civilisation et étouffer les sentiments moraux de la nation, en attachant aux intérêts matériels une trop grande importance; en agissant ainsi, ils servent tous les intérêts à la fois. Qui donc oserait soutenir sérieusement que l'on aimerait moins sa patrie si elle devenait plus riche, plus puissante, plus éclairée, et si le peuple y vivait plus heureux? que la religion et la morale y auraient

Pour nous, nous continuons modestement l'œuvre que nous avons commencée ; heureux si nos faibles efforts contribuent quelque peu à éclairer la route pleine d'avenir qui s'ouvre devant le pays, et dans laquelle il est disposé à marcher !

---

moins d'empire, parce que la pauvreté en aurait été extirpée ? Qui ne sait, au contraire, que les vices et la dégradation morale sont presque toujours compagnes fidèles de la misère ?

D'ailleurs, une considération d'une haute importance domine tout à fait la question en ce qui concerne la France : c'est qu'au milieu des passions politiques qui nous agitent, en présence des difficultés de tous genres qui nous entourent, en l'absence des sentiments religieux qui nous manquent, et privés d'un principe politique qui rallie toutes les croyances, lorsque, chaque année, de nouveaux convives se présentent pour prendre leur part du banquet de la vie et y trouve si difficilement place, il faut, sous peine de retomber dans de nouvelles révolutions, élargir la table du festin. Donner un grand développement aux travaux publics et à tout ce qu'on qualifie dédaigneusement d'intérêts matériels, est peut-être le seul moyen de sauver le pays de l'inquiétude fébrile qui le dévore, de l'anarchie qui le menace, et de la guerre qui en serait la conséquence forcée. La guerre ! Eh ! qu'y a-t-il au monde de plus moral que ce qui tend à l'éviter ?

Si cela est vrai, et nous le croyons fermement, qu'on nous dise encore que trop s'occuper des intérêts matériels du pays, c'est fouler aux pieds ses intérêts les plus chers, les plus précieux, les intérêts moraux ! Les uns et les autres sont étroitement unis, et c'est vainement qu'on voudrait les séparer ; travailler pour les uns, c'est travailler pour les autres ; attaquer les uns, c'est attaquer les autres : le mieux est de les confondre dans un même amour, car tous ils tendent au même but : le bien de l'humanité.

DU ROLE GLORIEUX ET FÉCOND
DE L'INDUSTRIE (1).

Dans diverses publications, notamment en 1835, 1837
et 1838, nous avons cherché à démontrer (et cela n'était
pas difficile) que le gouvernement avait un immense
intérêt à *créer, protéger* et *développer* le plus possible
L'ESPRIT D'ASSOCIATION, cause de tant de merveilles dans
d'autres pays, tandis qu'il est resté en germe parmi nous.

Plein de cette conviction, nous avons recherché de
bonne foi, et nous avons ensuite essayé de faire prévaloir
dans les esprits le moyen de lui donner une base solide
qui assure, sans danger, son rapide développement. Ce
moyen, C'EST L'APPUI DU CRÉDIT DE L'ÉTAT. Après avoir
démontré, au moins nous le croyons, tous les avantages
qu'il offre sur tous les autres modes d'encouragement
des grands travaux publics, nous avons sollicité son
application pour toutes les entreprises d'une utilité généralement reconnue; en un mot, nous avons demandé la
fondation d'un nouveau crédit: la création des EFFETS
PUBLICS DE LA PAIX, et nous avons dit que cet exemple de
la France, offert à l'Europe entière, deviendrait peut-
être le plus puissant obstacle aux troubles intérieurs
et aux guerres étrangères. Nous persistons dans notre
opinion.

---

(1) Extrait de l'APPENDICE à l'écrit : *Du meilleur système à adop-
er pour l'exécution des travaux publics.* Pages 1 à 11.

En ce qui touche les grands travaux de viabilité de la France, nous avons cherché à prouver que, pour les exécuter dans le plus bref délai, il fallait employer, SANS EXCEPTION, tous les moyens dont le pays dispose, à savoir:

1° L'industrie privée livrée à elle-même, pour tous les travaux qui ne sont pas au-dessus de sa portée;

2° L'industrie privée, aidée du crédit de l'État au moyen de la garantie d'un minimum de revenu, pour les travaux d'une grande importance offrant des chances de bénéfices suffisantes pour engager l'industrie à les entreprendre;

3° L'État exécutant lui-même tous les grands travaux d'utilité générale qui, par leur nature, ne pourraient être exécutés que par lui, faute de compagnies pour les entreprendre, même avec l'appui de la garantie d'un minimum de revenu;

Enfin, notre conclusion était qu'une alliance franche et sincère entre l'État et l'industrie aurait les résultats les plus satisfaisants pour le pays.

Nous avons cherché à prouver encore, et nous espérons y avoir réussi, que, moyennant des tarifs rémunérateurs, à la faveur d'une émulation salutaire et de l'expérience acquise par ces divers modes d'opérer, les travaux s'exécuteraient aussi vite et aussi économiquement que possible, et qu'en définitive le public ne serait pas seul favorisé par la confection de ces ouvrages si désirés; le Trésor lui-même recueillerait, de mille manières, bien au delà de l'équivalent des sacrifices apparents qu'il aurait été obligé de faire.

En effet, il y a une différence immense, il y a un abîme entre les dépenses productives et les dépenses improductives, entre les dépenses de la guerre et les dépenses de la paix: c'est ce que ne considèrent pas assez les personnes qui s'effrayent des sommes énormes réclamées par les travaux publics.

Les dépenses de la guerre se font souvent en pays étrangers, toujours pour détruire, jamais pour édifier, et les capitaux une fois consommés, le sont sans aucune compensation, si ce n'est une vaine gloire appréciée à sa juste valeur aujourd'hui, quand la guerre n'a pas pour objet la défense des foyers ou la protection du faible contre l'abus de la force. Les dépenses de la paix, au contraire, fournissent du pain à une multitude toujours croissante, à qui le travail est nécessaire pour vivre; et chacun sait que, par l'impôt, le Trésor prélève une grosse part sur les dépenses de cette nouvelle multitude; il repompe ainsi une portion de ce qu'il dépense; puis, le pays se couvrant d'ouvrages utiles, canaux, routes, chemins de fer, la prospérité publique s'accroît progressivement, et avec elle les recettes du Trésor. Enfin, les nouvelles voies, quoique soumises à des tarifs, étant des voies perfectionnées, sont pour le public, indépendamment de tous les avantages qu'elles lui offrent, des voies PLUS QUE GRATUITES, s'il est permis de s'exprimer ainsi, puisque, péage et transport compris, la dépense est de beaucoup inférieure aux frais actuels sur les routes livrées sans péage à la circulation.

Et cependant les tarifs suffisent pour créer les routes nouvelles et les entretenir, et pour rembourser en princi-

12.

pal et intérêts les capitaux employés. De telle sorte qu'il n'y a, à la création de ces nouvelles voies (on ne saurait trop le répéter), que des avantages pour tout le monde et des avantages de toute nature. Les dépenses qu'elles entraînent ne peuvent être mieux comparées qu'à celles que fait un propriétaire intelligent pour améliorer sa propriété et la rendre susceptible d'un plus grand produit.

C'est qu'EMPLOYER utilement les capitaux, ce n'est pas réellement les dépenser. Un capital qui, dans l'état actuel des choses, rapporte 10 pour 100, est un capital plus que doublé et non pas un capital dépensé, et cela sans tenir compte des avantages de tous genres et de l'influence considérable sur la prospérité publique que de grands travaux exercent dans le pays, lorsque ces travaux sont conçus avec l'intelligence des besoins et conduits avec l'activité et l'économie qu'on doit attendre de l'industrie privée.

Il est donc vrai de dire que les immenses capitaux réclamés par les travaux publics, s'ils sont sagement employés (c'est la seule chose à considérer) ne seront pas *dépensés*, dans l'acception attachée ordinairement à ce mot, c'est-à-dire *consommés, perdus*; mais que, au contraire, en ne tenant compte que de l'intérêt particulier, sans faire mention des services généraux qu'ils rendront, des capitaux ainsi dépensés, loin d'être perdus, seront très-productifs. Dans cette grave question, presque tout dépend des tarifs rémunérateurs que, par une inconcevable erreur, l'administration aurait voulu détruire !

Il ne faut donc pas s'effrayer des sommes importante que l'État pourrait être dans le cas de consacrer à des travaux publics sagement conçus, bien et économiquement exécutés, et appuyés de bons tarifs, ni des garanties (uniquement morales dans la plupart des cas) qu'il pourrait accorder aux compagnies qui viendraient l'aider dans l'exécution de l'admirable plan de viabilité générale du territoire, conçu et étudié par les ingénieurs des ponts et chaussées. L'imagination elle-même est impuissante à s'en faire une juste idée.

Pour soutenir les guerres de la Révolution et de l'Empire, l'Angleterre a contracté une dette de plus de 16 milliards. La France a dévoré, pour le même objet, des capitaux énormes qui sont à jamais perdus. Qui pourrait dire ce que ces sommes, effrayantes par leur masse, auraient produit de bien pour l'humanité, si elles avaient été employées à féconder le sol qu'elles n'ont abreuvé que de sang et de larmes !

Eh bien, ces immenses ressources, englouties sans retour et sans fruit, si les mêmes circonstances se représentaient, si à tort ou à raison, on croyait l'honneur national engagé, on les consacrerait de nouveau et sans hésitation au dieu de la guerre ; et quand il s'agit d'une gloire pacifique, mais bien préférable, selon nous, celle de contribuer puissamment au bonheur public, de donner un exemple qui aurait une influence salutaire sur l'Europe entière ; lorsqu'il s'agit enfin de se placer à la tête de la civilisation, non plus par des paroles, mais par des faits, on hésite, on perd des années en discussions oiseuses, en méfiances, en terreurs vraies ou fausses sur les charges financières qu'on craint d'imposer au pays ! Quoi ! vous votez des millions par centaines, si l'on vous parle d'une

expédition guerrière, et lorsqu'il est question de travaux
utiles, qui garantiraient la continuation de la paix générale et une meilleure mise en valeur de notre sol , vous
reculez épouvantés devant des dépenses qui , en comparaison de celles de la guerre, ne sont rien, et qui, d'ailleurs, ne l'oubliez donc pas, sont essentiellement repro-
ductives! Mais, nous ne saurions trop le répéter, envi-
sagées sous ce point de vue , ce n'est pas là ce qu'on peut
appeler des dépenses dans le sens abstrait du mot; c'est
au contraire *un placement de fonds avantageux.*

Nous avons démontré que, dans notre système, en
mettant les choses au pis, des travaux utiles , désirés ,
attendus par le pays tout entier et qui absorberaient un
capital de 2 milliards, entraîneraient peut-être le Trésor
au payement temporaire d'une annuité immédiate de 12
à 15 millions; c'est devant une somme aussi modique
pour un pays comme la France, et lorsque le Trésor
recouvrerait, par une conséquence de ces mêmes travaux,
au moyen de l'impôt, des sommes autrement considérables (1); c'est devant une pareille éventualité qu'on a
reculé, et c'est par une considération d'un si faible poids
qu'on a repoussé un système contre lequel on n'élevait
aucune objection sérieuse, et qui est appelé à produire,

---

(1) En effet, peut-on calculer ce que ces travaux, exécutés sur
toute la surface de la France, produiraient de bien réel ; quelle
vie ils donneraient au commerce, à l'industrie et à l'agriculture,
non-seulement par leurs résultats après l'achèvement, mais encore
par le seul fait de leur exécution ?

Sans contredit, le surcroît de consommation résultant de l'aisance que la main-d'œuvre seule répandrait dans la classe ou-
vrière ; la prospérité qu'amènerait ensuite, dans toutes les classes

nous ne disons pas en France seulement, mais dans tous les pays où le crédit public est connu et apprécié, des résultats immenses : car le crédit public est un puissant levier; il n'a jamais été appliqué aux travaux et aux arts de la paix, et nul ne saurait dire les merveilles qui pourraient résulter du nouvel usage que nous proposons d'en faire.

La guerre qui s'est ouverte entre l'administration et l'industrie privée au sujet de l'exécution des travaux publics, est une guerre impie; elle ne peut avoir pour cause qu'un malentendu ou d'injustes préventions : il faut que tout cela cesse; que l'avenir de la France, en fait de travaux publics, ne soit plus compromis par l'esprit du corps des ponts et chaussées; il faut que l'administration ne voie que le bien du pays, le bien du pays seulement : or le bien du pays est dans l'exécution la plus prompte et la plus économique des travaux projetés, n'importe le mode d'exécution. Que tous les moyens qui peuvent nous en faire jouir plus promptement soient donc mis en œuvre; et, s'il est démontré par ce qui s'est passé ailleurs que l'industrie privée peut devenir un puissant auxiliaire de l'État dans l'exécution de ses plans, que l'alliance, qu'une franche et sincère association du

---

de la société, l'usage de ces nouveaux ouvrages d'utilité publique ; l'augmentation de la valeur des propriétés foncières ; la réduction des frais d'entretien des routes royales; en un mot, une multitude d'économies impossibles aujourd'hui, et une foule de contributions étrangères aux recettes actuelles du Trésor, lui feraient récupérer bien au delà des sacrifices qu'il lui eût fallu peut-être s'imposer momentanément. Cela ne peut plus être contesté aujourd'hui.

gouvernement et des compagnies soit scellée par l'adoption du système que nous lui avons proposé, et qui n'a été repoussé que parce qu'il allait trop directement au but que, jusqu'ici, l'administration des ponts et chaussées a toujours cherché à éloigner.

Nous allons reprendre, une à une, les diverses propositions que, dans un esprit de justice et de conciliation, nous avions faites avec la profonde conviction qu'un tel système amènerait le plus beau développement des travaux publics en France. Bien d'autres ont pensé avec nous que son adoption, sans aucune arrière-pensée, ferait de l'industrie privée et de l'État des associés se prêtant un mutuel appui, et que cette association de forces jusqu'ici contraires serait un bienfait pour le pays; enfin, que l'adoption de ce système aurait une influence heureuse et générale qui ne s'arrêterait pas à nos frontières, si l'exemple de la France, et les grands résultats qu'elle ne tarderait pas à en recueillir, engageaient les autres États du continent à entrer dans cette grande voie de paix et d'améliorations.

Heureux donc les hommes qui, chargés de présider aux destinées des peuples, sauront attacher leur nom à la fondation d'un nouveau crédit public si fécond en bienfaits!

DE LA GARANTIE PAR L'ÉTAT

D'UN MINIMUM DE REVENU, BASE FONDAMENTALE D'UN
GRAND SYSTÈME D'ENCOURAGEMENT DES TRAVAUX
PUBLICS EN FRANCE (1).

§ Iᵉʳ.

Persuadée qu'avec l'appui du crédit de l'État, l'industrie privée pourrait mener à fin les travaux les plus considérables, tandis qu'autrement elle ne pourrait rien faire, ou à peu près rien, la Compagnie des chemins de fer du Nord avait constamment fait, de cette condition, la base fondamentale de son entreprise. Pendant quatre années consécutives, elle n'a cessé de chercher à faire comprendre les avantages de ce système, fécond en grands et beaux résultats ; et, s'il était enfin adopté, nous l'avons déjà dit, la courte existence de cette Compagnie n'aurait pas été sans utilité.

. . . .

Le taux de la garantie d'intérêt que nous avons demandée pour les entreprises jugées dignes d'un grand encouragement de la part de l'État serait donc assez élevé pour attirer les capitaux en suffisante quantité, mais il le serait assez peu pour maintenir les compagnies dans l'obligation permanente de faire *tous leurs*

---

(1) APPENDICE à l'écrit : *Du meilleur système,* etc. ; pages 31-38-46-47.

efforts pour ne recourir jamais à l'État, ou y recourir le moins possible.

Là est la clef de la voûte ; dans l'état actuel du crédit, tout changement à ce chiffre détruirait l'économie et ferait disparaître tous les avantages de la combinaison.

La garantie de l'État ne rendra pas une affaire bonne si, par elle-même, elle est mauvaise; seulement, elle attirera les capitaux sur les entreprises présumées bonnes et leur permettra de s'achever ; mais pour celles sur lesquelles on aura porté un faux jugement, elle n'aura d'autre effet que d'en empêcher la ruine totale, alors que l'État en retirera indirectement, lui, toutes sortes d'avantages.

Nous avons expliqué, ailleurs, combien seraient légères les charges auxquelles cette espèce d'assurance des travaux publics pourrait entraîner le Trésor ; nous n'y reviendrons pas (1). Cependant l'État a voulu donner des subventions considérables, à une époque où la nécessité d'un secours n'était pas, assurément, aussi bien démontrée qu'elle l'est aujourd'hui. Pourquoi refuserait-il, maintenant, un appui moral qui est indispensable ? D'ailleurs, qu'on le remarque bien, c'est essentiel : les capitaux nationaux servent seuls aux travaux publics de chaque pays ; ainsi, ce sont les capitaux anglais qui ont fait les canaux et les chemins de fer anglais ; les capitaux américains qui ont fait les canaux et les chemins de fer

---

(1) La presse est presque unanime à ce sujet. Les mémoires des diverses compagnies en instance auprès du gouvernement sont aussi très-explicites sur ce point.

américains ; en France, c'est des capitaux français seulement que nous devons attendre le secours ; et, quoique, au moyen de la combinaison proposée, les capitaux nationaux fussent sans doute bien suffisants pour réaliser tous les beaux plans projetés, cette combinaison attirerait encore les capitaux étrangers, qui se portent volontiers sur les fonds publics ; or il est incontestable qu'un des principaux avantages de la garantie de l'État serait de donner aux actions des grandes compagnies ce caractère précieux d'effets publics qui ferait affluer, en France, sur les travaux d'utilité générale, non-seulement les capitaux français, mais encore les capitaux étrangers s'ils étaient nécessaires.

Tout le système peut se résumer en deux mots : Si les entreprises garanties donnent un produit égal ou supérieur à 4 pour 100, la garantie de l'État est sans effet : c'est un appui purement moral qui aura permis, au grand profit de tous, d'exécuter les plus grands et les plus beaux ouvrages (1).

Si les entreprises garanties (mettons tout de suite les choses au pis) ne produisent rien, le gouvernement se trouverait dans cette position, que les ouvrages lui appartiendraient et qu'ils auraient été exécutés par l'industrie

---

(1) En Angleterre, au mois de février dernier, vingt-deux chemins de fer en exploitation ou en cours d'exécution représentaient dans leur ensemble une prime moyenne de 36 0/0 sur les capitaux versés par les actionnaires, ce qui suppose un revenu de 5 1/2 0/0 environ en moyenne.

C'est la preuve qu'on n'aurait, pour ainsi dire, jamais recours au Trésor, en vertu de la garantie. Car, il est bon qu'on le sache, s'il est vrai que, presque toujours, les dépenses des chemins de

privée à meilleur marché et plus vite que par l'administration des ponts et chaussées (nous tenons ce point comme hors de contestation.

De cette position, qui est la pire de toutes, il résulterait que, pour faire ces grands travaux, le gouvernement se serait servi *gratis* de l'industrie privée, et se serait procuré les capitaux nécessaires au moyen d'emprunts en 3 pour 100 au pair, c'est-à-dire à 25 pour 100 meilleur marché que le cours de ce fonds public.

Quel mal y aurait-il à cela?...

On le voit donc, dans tous les cas, dans toutes les suppositions possibles, la situation du gouvernement serait préférable à celle qui résulterait de l'exécution par l'État, et la Chambre, en adoptant le système que nous avons proposé, système qui, seul, rend possible de grands travaux par l'industrie privée, compléterait dignement sa sage résolution de refuser à l'administration des ponts et chaussées tous les travaux qui, pouvant se faire par l'industrie privée, doivent lui être concédés de préférence, même avec l'appui de l'État, quand l'importance des travaux rend cet appui nécessaire.

---

fer dépassent les prévisions, il ne l'est pas moins que les recettes les dépassent aussi, et dans des proportions beaucoup plus fortes. L'inconnu, dans les entreprises des chemins de fer, n'est donc une difficulté, un ennemi redoutable, qu'en ce qui concerne la réunion de capitaux suffisants, et l'on sait que notre système a surtout l'incontestable mérite de faire disparaître complétement cette difficulté.

§ II.

Pendant la durée des travaux, les intérêts à 4 p. 100 seront servis aux actionnaires sur les versements effectués.

Nous avons dit, tout à l'heure, que l'on ne réunirait les capitaux nécessaires aux grandes entreprises projetées qu'en y attirant, par l'appui du crédit de l'État, non les capitaux des grandes fortunes, d'ailleurs fort rares en France et employées ailleurs, mais les produits de l'épargne de cette masse innombrable de petits propriétaires, dont se compose la véritable richesse du pays. — Or ces petits propriétaires ont besoin de leurs revenus pour vivre, et leur imposer la condition de s'en passer pendant cinq ou six années, c'est leur imposer une condition à laquelle la plupart d'entre eux ne pourraient pas ou ne voudraient pas se soumettre ; c'est donc les éloigner comme à plaisir de toute participation aux grandes entreprises projetées.

D'ailleurs, cette considération à part, on ne conçoit pas que le conseil d'État n'ait pas su faire la différence qui existe entre : servir des intérêts abusivement, en les prenant sur le capital à défaut de revenus suffisants (ce qu'il fait très-bien d'empêcher) ; et payer aux actionnaires les intérêts de capitaux fractionnaires, forcément et nécessairement improductifs, jusqu'au moment où l'entreprise achevée entre en activité.

A ce moment, on le conçoit, il n'y a de répartition possible que le bénéfice provenant de l'exploitation ; et le conseil d'État agit fort judicieusement en empêchant qu'on ne distribue, sous le nom d'intérêts, des bénéfices supposés, ce qui serait tromper le public ; mais, lorsqu'un ouvrage s'élève, pendant la durée des travaux, avant qu'il puisse produire un centime, l'intérêt des capitaux versés pour la confection des mêmes travaux n'est-il pas un élément de dépense aussi naturel, aussi légitime que l'achat des terrains, des pierres, du bois, du fer et de tout ce qui est nécessaire à l'entreprise ?

Et, en voulant éviter de donner aux actions une valeur factice, ne les affecte-t-on pas d'une dépréciation qui n'est pas plus justifiable ?

En effet, si une entreprise de 10 millions, dépensés réellement en achats divers, a amené pour les actionnaires une perte d'intérêts, pendant les travaux, de 2 millions par exemple, le coût total n'est-il pas de 12 millions, au lieu d'être de 10, et le pair véritable des actions n'est-il pas 1,200 francs au lieu de 1,000 francs ?

En procédant ainsi, on attribue donc aux actions une valeur nominale inférieure à leur valeur réelle, et l'on crée, sans raison aucune, des causes d'erreurs dans l'appréciation du coût exact des entreprises (1).

On voit donc qu'il y a, dans cette manière de procéder, plusieurs inconvénients graves qu'il importe de détruire et qui se trouvent tout naturellement rectifiés

______

(1) En effet, le pair des actions de Saint-Germain et Versailles, par exemple, n'est pas 500 fr., chiffre nominal des actions. La perte des intérêts, durant les travaux, a réellement porté le pair à environ 550 fr.

dans le système de la garantie ; car *comme elle doit por-*
ter sur le coût réel de l'entreprise, alors même qu'il
n'y aurait pas de convenance à payer les intérêts aux
actionnaires sur leurs versements successifs (et il n'en
est pas ainsi), l'exactitude des comptes en eût fait une
obligation, puisque de cette manière seulement on obtient le chiffre exact du coût de chaque entreprise.

C'est ici le cas de parler de la seule objection *sérieuse*
qu'à notre connaissance on ait encore faite au système de
garantie. On nous a dit :

« Vous voulez une garantie de 4 pour 100 sur le mon-
» tant des dépenses de l'entreprise : c'est bien ; mais,
» malgré les bonnes raisons que vous faites valoir pour
» expliquer comment les compagnies auront un grand
» intérêt à réduire ces dépenses le plus qu'elles le pour-
» ront, et les réduiront en effet, il n'en est pas moins
» indispensable d'arrêter d'avance le chiffre de ces dé-
» penses, afin de limiter les charges éventuelles de
» l'État. »

A cela, nous répondrons que, du moment où l'on a
reconnu que les compagnies exécuteraient les travaux
plus économiquement que l'État, la question qui nous
occupe s'est trouvée résolue. — En effet, si l'État exécu-
tait lui-même, non-seulement il courrait toutes les
chances éventuelles des devis, augmentées de tous les
inconvénients qu'on reproche aux travaux exécutés par
les agents des ponts et chaussées, mais encore il ne
pourrait, à aucun prix, limiter ni le temps de l'achèvement des travaux, ni le montant des dépenses ; on ne le
sait que trop ; tandis que, pour les compagnies, le délai

accordé pour les travaux est presque toujours devancé, et qu'en ce qui touche le montant des dépenses (bien que, pour les compagnies comme pour le gouvernement, on ne puisse jamais le fixer d'avance d'une manière absolue), il serait possible de le renfermer dans une somme *maximum* au delà de laquelle l'État ne serait plus engagé. Si la dépense restait au-dessous de ce *maximum*, la garantie ne porterait que sur les dépenses réellement effectuées, et si, au contraire, le maximum fixé était dépassé, l'État aurait à vérifier si cet excédant de dépenses est suffisamment justifié, et il aurait le droit d'accorder ou de refuser sa garantie pour cet excédant, selon les circonstances dont il serait seul juge.

En procédant de cette manière, le principe, essentiellement juste, que la garantie doit porter sur toute la dépense, serait consacré comme il doit l'être, et cependant l'État ne serait engagé réellement que jusqu'à concurrence des *maxima* qu'il aurait fixés.

Ainsi se résout facilement la seule difficulté sérieuse qui ait été soulevée contre le système de la garantie de l'État.

§ III.

Un point essentiel et bien digne de remarque dans notre système, *c'est qu'aucune charge ne peut incomber à l'État avant l'achèvement complet des travaux et la mise en exploitation des services :* ce qui ne peut avoir lieu que longtemps après que l'État aura recueilli, ou pendant qu'il recueillera, par l'impôt, de nombreux et importants revenus ; de sorte que, même au point de vue étroit et isolé de l'intérêt financier du Trésor, le système de garantie, loin d'imposer des charges, offre des avantages notables.

D'ailleurs, comme on l'aura remarqué, nous avons voulu attacher un cachet de haute moralité à ce système, en stipulant que tous les payements faits par le Trésor, en exécution de sa garantie, ne seraient considérés que comme des avances ; afin que, comme cela arrive presque toujours, si, après quelques années malheureuses, l'entreprise venait à prospérer, ces avances fussent remboursées intégralement et jusqu'à parfaite extinction, au moyen de tout revenu excédant un dividende de 6 p. 100 réparti aux actionnaires.

De sorte que, nous le répétons avec une entière conviction, l'appui de l'État, si fécond en résultats utiles, serait seulement un appui moral qui n'entraînerait l'État dans aucune charge réelle.

Et c'est seulement dans cette confiance que des compagnies, quoique soutenues par cet appui, entreprendraient des travaux d'utilité publique ; car il n'est pas d'usage qu'on travaille longtemps et beaucoup pour perdre le quart de son capital. La garantie, après avoir assuré les travaux, en permettant de réunir les capitaux nécessaires, n'aurait d'autre objet que de dégager une portion de l'inconnu de ces immenses ouvrages, et d'empêcher la ruine de l'entreprise, si, par hasard, on s'était trompé aussi grossièrement sur les espérances qu'elle avait fait naître. En cas de malheur, la garantie peut être définie par un seul mot : c'est un *parachute* (1).

____

(1) Cette combinaison nous paraît réunir tous les avantages :

Il faut donc, si l'on veut de grands travaux publics en France, modifier complétement l'état des choses actuel; c'est dans cette vue que nous avons présenté, à plusieurs reprises, un système complet de travaux publics, ayant pour objet l'alliance franche et sincère de l'administration des affaires publiques et de l'industrie privée, et, pour résultat, le plus prompt et le plus grand développement possible des immenses travaux de tous genres que la France réclame.

Mais, s'écrie-t-on, c'est un système tout entier! c'est bien grave. — Eh! quel mal y a-t-il à cela, si le système est bon?

S'il est vrai que le crédit de l'État, appliqué, en temps de paix, aux grands travaux d'utilité publique, puisse produire des résultats dont on se fait difficilement une idée, parce que, nulle part, on n'a fait encore en grand

---

elle rassure les associations contre les chances d'une perte entière, et en même temps elle ne grève le Trésor que dans le cas où un appui deviendrait *un acte de justice, un acte de justice nationale.*

En effet, si, contre toute probabilité, une compagnie exécutante, réunissant d'ailleurs toutes les conditions de succès, ne trouvait, en retour de ses efforts et de ses sacrifices, que la perte des sommes qu'elle aurait consacrées à cette tentative si favorable au pays, l'État ferait-il autre chose qu'un acte de justice en la préservant, par son intervention, d'un désastre complet? Certes, des associations qui auraient, à leurs dépens, doté le pays de grandes lignes de chemins de fer ou de canaux, de ces voies de communication si puissamment favorables à sa prospérité, seraient dignes de toute la sollicitude du gouvernement et de la nation, et l'État n'eût-il rien promis, qu'il serait encore juste et politique d'accorder à ces grandes associations des adoucissements à leur triste position.

cette nouvelle application du crédit, est-ce une raison
pour que la France ne prenne pas une si belle et si glo-
rieuse initiative (1) ?

Assez longtemps, le crédit public, cet immense levier
des États modernes, n'a servi qu'à aider l'œuvre de la
destruction. Soyons les premiers à montrer le grand, le
merveilleux usage qu'on en peut faire désormais. Si, de
nos jours, l'Angleterre a, par ce moyen, réuni et dissipé
plus de 16 milliards, et la France plus de 8 milliards,
pour couvrir l'Europe de ruines et de cendres, que ne
pourrait-on attendre de bien-être et de progrès pour
l'humanité d'une force pareille employée aux travaux
reproductifs et féconds de l'industrie ?

Quel homme, ami de son pays, ne sentirait pas son
cœur battre en face d'un tel avenir ! Et qu'on n'oublie
pas qu'on peut obtenir tous ces biens sans faire courir à
l'État la chance d'aucun sacrifice.

---

(1) Le mérite de l'initiative de la garantie d'un minimum d'intérêt, appliqué aux entreprises d'utilité publique jugées dignes
de cet encouragement, ne pourrait même plus nous appartenir,
à moins que l'on ne se décidât à créer une *dette publique*, à ouvrir
un *grand-livre de trois pour cent industriel;* en un mot, à donner
un grand développement à ce système ; car depuis quelques années,
plusieurs souverains ont accordé de semblables garanties, mais
pour des entreprises plus ou moins bornées, il est vrai. Tout récemment, les journaux annonçaient que l'empereur de Russie
venait d'entrer à son tour dans cette voie, en garantissant 4 0/0 de
revenu à l'entreprise d'un chemin de fer de Varsovie aux frontières
autrichiennes.

Voilà cinq années bien comptées que cette question est en discussion en France, et nous en sommes encore à l'application !
Vantons-nous d'être à la tête de la civilisation !

13.

Non-seulement nous croyons avoir démontré que, dans aucun cas, cette nouvelle application du crédit ne saurait devenir onéreuse ou embarrassante, et, qu'au contraire, loin de rien coûter au Trésor, c'est le moyen le plus sûr de l'enrichir : mais encore, à ceux dont l'esprit timoré redoute toutes les innovations, nous dirons : « Procédez par degrés, et au fur et à mesure que l'expé- » rience vous aura démontré la bonté du système. »

Que si, dans ce cas, l'État garantissait pour 500 millions de travaux, par exemple, en admettant, *ce qui n'est pas possible,* que ces travaux, sans exception, soient entièrement improductifs, et cela pendant toute la durée de la garantie, ce serait exactement comme si l'État avait consenti une dette de 15 millions en 3 p. 100, avec un amortissement de 5 millions : en tout 20 millions, éteignant la dette en quarante-six ans.

Voilà quel serait le *maximum* de la charge possible ; mais, comme on le reconnaîtra sans doute, il faut en déduire les impôts et les revenus de tous genres dont ces grands travaux seraient la conséquence forcée. Estimez ces revenus ce que vous voudrez, je défie qu'on puisse les évaluer au-dessous de cette même somme. De cette manière, l'État aurait fait un essai qui, s'il réussissait, pourrait avoir les conséquences les plus heureuses, les plus fécondes pour le pays, sans que jamais, dans le cas contraire, il lui en coûtât rien.

Si, comme tout autorise à le croire, les entreprises étaient productives (car pour admettre le contraire il faudrait supposer que compagnies, gouvernement et Chambres se fussent grossièrement trompés), le Trésor n'aurait pas un centime à débourser; l'État, sans qu'il lui en coûte rien, aurait doté le pays de magnifiques ouvrages; par le développement de la prospérité publique, le Trésor percevrait une bonne part des produits, et, en fin de compte, deviendrait propriétaire gratuit de toutes ces belles créations.

En présence de pareils faits, dont une partie sont des faits accomplis, qui pourrait hésiter encore à donner son adhésion à la nouvelle application du crédit public que nous avons proposée ?

Au reste, la question est nettement posée, et les Chambres ne pourront pas se dispenser de la résoudre; on leur dira : Vous voulez de grands travaux publics, des chemins de fer, des canaux, des docks, enfin tout ce qui constitue aujourd'hui la richesse, le bonheur et la gloire des nations, eh bien ! il n'y a que deux manières de les obtenir :

1° Par l'État, au moyen d'emprunts qui se résolvent toujours en impôts;

2° Par des compagnies de capitalistes, au moyen de la garantie d'un *minimum* de revenu.

Naguère, vous avez rejeté la coopération des ponts et chaussées, en tant qu'elle ne serait pas indispensable, et vous avez bien fait. Restent les compagnies; mais aux conditions que vous leur avez faites, vous avez rendu leur tâche impossible : deux compagnies offrant tous les genres de *respectabilité* et tous les gages de succès vous le déclarent : des modifications importantes au cahier des charges et l'appui du crédit de l'État, pour attirer dans ces entreprises les capitaux réels, sont nécessaires, indispensables.

Refuserez-vous à l'industrie un appui dont elle ne peut se passer, et qui ne saurait jamais être onéreux à l'État? Non. Après le vote mémorable de la Chambre, décidant que l'industrie particulière devait être préférée à l'État pour tous les travaux publics qu'elle voulait entreprendre, le refus de lui accorder les conditions qui seules peuvent lui permettre de vivre, d'acquérir des forces et de faire de grandes choses, serait une inconséquence dont la Chambre ne se rendra pas coupable. . . .

Son amour du bien public, et l'opinion générale aujourd'hui éclairée, nous en répondent; mais, si nous étions trompé dans notre attente; si cette question, qui nous apparaît si claire et si nette, était encore, pour beaucoup de personnes, enveloppée de nuages, et qu'il fallût attendre, toujours attendre (car, un jour ou l'autre, on viendra à ce que nous proposons), nous le regretterions amèrement, non pas pour les compagnies engagées, qui, aux risques des pénalités qu'on pourrait invoquer contre elles, se conduiraient nécessairement d'après la considération de leurs propres intérêts; mais pour le pays, condamné peut-être à demeurer encore pendant de longues années privé de ces admirables travaux qui, chez nos voisins, attestent le bon jugement de leur gouvernement et constatent la prospérité générale qui en est la conséquence.

Nous le regretterions amèrement, disons-nous, parce que des considérations politiques de l'ordre le plus élevé se rattachent à l'adoption d'un système assez puis-

sant pour offrir un aliment constant à l'activité nationale;
parce qu'à nos yeux, enfin, nous l'avons déjà dit, il
y a là une question de paix ou de guerre qui se résou-
dra, nécessairement, dans un avenir peu éloigné peut-
être : or une question dont la solution doit être la paix
ou la guerre, est incontestablement la question la plus
grande qu'on puisse soulever; et si un bon système de
travaux publics devait exercer une influence réelle et faire
pencher la balance du côté de la paix, comme nous le
croyons fermement, l'humanité et la civilisation, grave-
ment intéressées dans le débat, parleraient haut dans
notre sens, et leur puissante voix serait sans doute enten-
due. . . . . Oui, nous le disons avec une profonde conviction, s'il est un moyen d'échapper aux dangers qui
menacent le pays et l'Europe entière, forcément solidaire
des troubles de la France, ce moyen réside essentiellement dans une forte impulsion donnée aux travaux publics, dans des combinaisons qui intéressent à ces travaux
toutes les intelligences, toutes les forces et toutes les
positions sociales. Or nous avons la conscience que le
système proposé aurait infailliblement ce résultat. C'est
pourquoi nous ne nous lassons pas de le recommander à
l'attention publique. La cause est belle, mais belle seulement par son but et par les conséquences que doit avoir
son succès; car il devrait suffire, pour la défendre et la
faire triompher, d'exposer les faits et d'indiquer les points
de vue d'intérêt public sous lesquels ils doivent être considérés. Toutefois, nous ne pouvons nous dissimuler que
cette défense, entreprise par nous, ne peut sortir qu'é-
bauchée de nos mains; nous laisserons par conséquent

le soin d'assurer son triomphe à ceux à qui leur position et leur talent donnent cette honorable mission.

. . . .

Si nos pressentiments ne nous trompent point, si la politique ne vient pas mettre obstacle aux bonnes intentions de M. le ministre, nous verrons bientôt s'ouvrir pour la France une ère nouvelle en fait de travaux publics, et tomber bien des préjugés ; et si désormais la Chambre répugne encore à proclamer du nom de grands citoyens ceux qui élèveront des monuments d'utilité publique, au moins elle ne refusera pas de les considérer comme des hommes utiles, ayant bien mérité de leur pays.

Sans doute, ces hommes espèrent trouver, et trouveront souvent (nous l'espérons), dans le résultat financier de leur entreprise, la récompense de leurs efforts ; mais, aux yeux de gens de cœur, cette récompense n'est pas suffisante, n'est pas la plus précieuse ; et malheur aux États où la législature croit pouvoir tout payer à prix d'argent ! Dans un pays comme la France, la plus douce et la plus belle des récompenses, c'est l'honneur et la considération. Cette récompense, on l'accorde au manufacturier, au négociant probe et habile qui, en élevant sa fortune, contribue ainsi, pour sa part, au développement de la fortune publique, comment, sans une complète déraison, pourrait-on la refuser aux promoteurs de la plus puissante des industries, celle des voies de communication !

Certes, agir ainsi ne serait ni juste, ni raisonnable, il suffira à la Chambre d'un peu de réflexion pour ne pas vouloir briser un aussi noble, un aussi puissant moteur

que l'association privée basée sur la considération publique, et, bientôt, nous l'espérons, M. le ministre pourra
venir devant la Chambre applaudir aux efforts des compagnies, sans crainte d'exciter les murmures d'une portion nombreuse de l'Assemblée. Cette approbation publique (l'une des conditions essentielles de notre système),
en excitant aux entreprises d'utilité générale, produira
de grands résultats sans qu'ils coûtent rien aux contribuables.

Convaincu des immenses avantages que le pays trouvera à l'exécution des grands travaux publics ; partisan
de tous les moyens qui peuvent tendre à les encourager,
nous ne repoussons les modes de secours proposés que
parce que l'un fait descendre l'État à des fonctions au-
dessous de lui, et que l'autre n'est applicable que dans
des cas exceptionnels ; enfin parce qu'ils seraient ineffi-
caces, et que nous pensons que l'appui du crédit de
l'État est, de tous les secours, de tous les concours, le
plus convenable, le seul large et puissant, le seul fécond
en grands résultats, le seul qu'on puisse ériger en système et qui puisse servir à fonder le crédit industriel, le
seul enfin qui ouvre au pays l'espoir fondé de grandes
créations.

En résumé (1), si l'on veut faire de grandes choses, il
faut toujours en revenir à notre ancienne proposition :
FONDER, SUR DES BASES LARGES ET SOLIDES, LE CRÉDIT PUBLIC
INDUSTRIEL ; autrement dit : FERMER L'ANCIEN GRAND-LIVRE

______

(1) Lettre à un député ; 1842 (janvier), pages 33, 54, 55.

ET OUVRIR HARDIMENT LE NOUVEAU : CELUI DES TRAVAUX DE LA PAIX.

A moins que le gouvernement ne consente à ce qu'on lui applique avec raison la fable de LA MONTAGNE QUI ACCOUCHE D'UNE SOURIS, il faut que les chemins à commencer immédiatement relient les quatre points cardinaux du territoire, et pour cela il faut proposer, sans hésitation, l'exécution immédiate et simultanée :

1° Du chemin de Belgique avec embranchement à la mer ;

2° Du chemin de Paris à Lyon par la Bourgogne ou par le Val de la Loire, et le chemin d'Avignon à Marseille ;

3° Du chemin de Strasbourg direct ou indirect, au moyen d'un embranchement de Dijon à Mulhouse, dans l'hypothèse du chemin de Lyon par la Bourgogne ;

4° Du chemin d'Orléans à Tours (premier prolongement de la ligne de l'Ouest).

En procédant de cette manière, le gouvernement donnerait, dès à présent, satisfaction à toutes les parties du territoire ; il faciliterait l'adoption de ses vues et accomplirait une œuvre vraiment gouvernementale et digne de la France.

Nous espérons toujours, quoi qu'on en dise, que c'est là le plan que suivra, de sa propre impulsion, le ministère ; à défaut, la sagesse des Chambres le pousserait dans cette voie, la seule digne du pays en présence de ce qui s'est fait et de ce qui se prépare à l'étranger.

Si la France est encore la France, il faut qu'elle attaque hardiment le système entier des voies de fer. Les chemins votés et leur exécution décidée, il faut créer les voies et moyens, de telle sorte, que, comme on nous l'avait dit, L'ARGENT ATTENDE LES TRAVAUX, ET JAMAIS LES TRAVAUX L'ARGENT. Mais ce ne sera pas une difficulté sérieuse si on le veut bien; car 3 ou 400 millions à dépenser dans cinq ou six années ne représentent que 50 à 60 millions par année. Si les réserves de l'amortissement n'y peuvent suffire, vous négocierez des rentes, comme vous en auriez négocié pour la guerre; ou mieux encore, vous examinerez si cette idée d'une nouvelle dette flottante, DE BONS DE CHEMINS DE FER, portant intérêt jour par jour, ne pourrait pas recevoir une utile application; vous utiliserez les fonds des caisses d'épargne, etc....... Enfin, à notre avis, ce serait une puérilité de s'arrêter par la crainte de manquer de fonds. Devant un besoin aussi impérieux que la création des chemins de fer, il faut dire: LES FONDS NÉCESSAIRES, ON SE LES PROCURERA, ET SI LES VOIES ET MOYENS NE SONT PAS ARRÊTÉS ENCORE, ON LES ARRÊTERA. Mais provisoirement, la France décide qu'elle aura 5 à 600 lieues de chemins de fer dans six ans, et rien ne pourra l'empêcher de les avoir, puisqu'elle le veut.

Voilà le langage qui convient à une grande nation, et la France le tiendrait, s'agît-il de milliards, s'il fallait défendre son honneur outragé.

Qu'elle mette donc une fois son honneur dans le développement des arts de la paix! Tout deviendra facile et se fera comme par enchantement.

Il en sera ainsi dans cette circonstance, et les petites vues ne prévaudront pas: nous en avons l'intime confiance.

CAPITAL GARANTI PAR L'ÉTAT AUX

COMPAGNIES.	TAUX.	DURÉE.	MAXIMUM de la garantie à la date du 31 déc. 1857.	TAUX.	DURÉE.
(1)	(2)	(3)	(4)	(5)	(6)
Ouest.	3 ½ et 4 %	50 ans.	509,370,000	4 %	50 ans.
Orléans.	3 et 4 %	50 ans.	331,200,000	4 %	50 ans.
Lyon-Méditerr. .	4 et 5 %	50 et 99 ans.	479,175,000	4 %	50 ans.
Genève.	3 %	50 ans.	50,000,000	»	»
Dauphiné. . . .	3 %	50 ans.	25,000,000	»	»
Midi	4 %	50 ans.	230,000,000	4 %	50 ans.
Est.	»	»	»	4 %	50 ans.
Nord.	»	»	»	4 %	50 ans.
Ardennes. . . .	»	»	»	4 %	50 ans.
			1,624,745,000 (*)		

COMPAGNIES DE CHEMINS DE FER.

Maximum de la garantie à dater de janvier 1865. (Loi du 11 juin 1859.)		TOTAL des colonnes 7 et 8.	OBSERVATIONS.
Concessions à titre définitif. (7)	Concessions à titre éventuel. (8)		
307,500,000	»	307,500,000	
601,000,000	214,000,000	815,000,000	
814,000,	311,000,000	1,125,000,000	
»	»	»	
»	»	»	
119,000,000	13,000,000	132,000,000	
505,000,000	17,000,000	522,000,000	
139,500,000	60,500,000	200,000,000	
137,500,000	»	137,500,000	
2,623,500,000	615,500,000	3,239,000,000 (*)	

ANNEXE 3.

COURS D'ÉMISSION :		INTÉRÊT pour le prêteur.	CHARGE ANNUELLE		DIFFÉRENCE en faveur de l'État.	CAPITAL de la différence au taux de 5 °/₀.	PARITÉ DU 3 °/₀ avec un nouveau 2 1/2.	
Rente 3 °/₀.	Obligations 3 °/₀.		pour l'État par voie de rachat au cours d'émission.	pour les Comp. amortissement en 99 ans au pair.				
75	375	4 °/₀.	4.169.875	4.2265	0,056,625	1.1325	3 °/₀	2 1/2
74	370	4.054	4.223.904	4.2836	0,059,696	1.1939	66 répond à 55	»
73	365	4.110	4.279.579	4.3423	0,062,721	1.2514	67 20 à 56	»
72	360	4.166	4.336.352	4.4026	0,066,248	1.3249	68 40 à 57	»
71	355	4.225	4.395.116	4.4646	0,069,484	1.3897	69 60 à 58	»
70	350	4.285	4.455.380	4.5284	0,073,020	1.4604	70 80 à 59	»
69	345	4.348	4.517.740	4.5940	0,076,260	1.5252	72 » à 60	»
68	340	4.411	4.581.408	4.6616	0,080,192	1.6038	73 20 à 61	»
67	335	4.478	4.647.577	4.7311	0,083,523	1.6704	74 40 à 62	»
66	330	4.545	4.715.148	4.8028	0,087,652	1.7530	75 » à 62 50	
65	325	4.615	4.785.105	4.8767	0,091,595	1.8319	»	
64	320	4.687	4.857.176	4.9529	0,093,724	1.9145	»	
63	315	4.761	4.931.415	5.0315	0,100,085	2.0017	»	
62	310	4.838	5.008.314	5.1127	0,104,386	2.0877	»	
61	305	4.918	5.037.885	5.1965	0,108,615	2.1723	»	
60	300	5 °/₀.	5.169.860	5.2831	0,113,240	2.2648	»	
59	295	5.084	5.254.274	5.3726	0,118,326	2.3665	»	
58	290	5.172	5.342.114	5.4653	0,123,186	2.4637	»	
57	285	5.263	5.432.974	5.5612	0,128,226	2.5645	»	
56	280	5.357	5.526.960	5.6605	0,133,540	2.6708	»	
55	275	5.454	5.624.170	5.7634	0,139,230	2.7846	»	
54	270	5.555	5.725.154	5.8701	0,144,946	2.8989	»	
53	265	5.660	5.830.077	5.9809	0,150,823	3.0164	»	
52	260	5.770	5.938.480	6.0940	0,155,520	3.1104	»	
51	255	5.882	6.052.034	6.2154	0,163,366	3.2673	»	
50	250	6 °/₀.	6.169.850	6.3397	0,169,850	3.3970	»	

Les travaux concédés exigeront un capital de 2 milliards 400 millions.

Supposons que de nouvelles concessions élèvent ce chiffre à 3 milliards, qu'on émette, pour se les procurer, des rentes 2 1/2 ou des rentes 3 °/₀, et que ces rentes soient rachetées, dans la période de remboursement, à 70 fr. en moyenne :

Le Trésor bénéficierait de toute la différence entre le capital *effectif* et le capital *nominal*, soit 1 milliard 285 millions, répartis, il est vrai, d'année en année, selon la marche de l'amortissement des Compagnies.

ANNEXE 4.

LES MINES DE LA CALIFORNIE.

On écrit de San-Francisco au *Moniteur* :

Au lieu de s'épuiser, comme certaines gens se plaisent de temps en temps à lo dire, les richesses minéralogiques de la Californie et de ses alentours semblent, au contraire, se multiplier dans des proportions aussi vastes qu'imprévues. Il n'est plus question de placers ou de veines de quartz nouvellement découverts dans un rayon rapproché du centre des opérations minières de cet État; il s'agit aujourd'hui d'une contrée inexplorée jusqu'ici, où l'existence des métaux précieux était bien soupçonnée, mais que la pioche du mineur en tournée de *prospect*, ainsi qu'on nomme la recherche de l'or, n'avait pas encore fouillée.

C'est dans la vallée de *Washoe* que s'est révélée, il y a quelques mois, la présence de gisements aurifères et surtout argentifères, dont la richesse et l'étendue semblent destinées à ouvrir de nouveaux aspects à l'avenir de ces pays. Cette vallée, fort considérable, assure-t-on, se déploie au pied du versant nord-est par 39° 25′ de latitude nord et 120° 10′ de longitude est, et se trouve dans le territoire qui a pris provisoirement le nom de *Carson*.

L'accès, dans la belle saison, en est facile par plusieurs routes venant des comtés californiens de Nevada, de Placer, de Sierra et d'Eldorado. Mais, dès le commencement d'octobre, des neiges épaisses obstruent les passages qui y conduisent; en prenant même de longs détours pour y arriver, on pourrait difficilement espérer que les communications ne fussent pas interrompues pendant les mois les plus rigoureux de l'hiver.

Le hasard, comme toujours, a amené la découverte de ces gisements.

Cinq mineurs américains, qui abandonnaient les *placers* et les *diggins* de la Californie, se mirent, après avoir traversé péniblement les montagnes Rocheuses, à la recherche de l'or dans la vallée en question, et, sans s'en douter, à ce qu'il paraît, assirent leur *clam* sur un immense trésor. C'était dans le voisinage d'une dépression du sol, entre deux points à peine connus des rares habitants du pays, et qu'on appelle *Gold Canon* ou *Six miles Canon*. (*Canon*, du mot hispano-californien, signifie *gorge*, espace resserré entre deux élévations.)

Ces hommes cherchaient de l'or et rejetaient dédaigneusement ce qu'ils croyaient n'être que des morceaux de pierre d'une teinte bleuâtre, offrant à leurs grossiers moyens de trituration des résistances dont ils se plaignaient.

Ces prétendues pierres furent aperçues par un mineur expérimenté, qui lui aussi, venait faire en ces lieux une tournée d'inspection. Son œil exercé lui fit reconnaître dans ces pierres, si importunes aux autres mineurs, des traces d'une précieuse agrégation d'or, d'argent, de plomb et de cuivre. Il en fit faire l'essai, et cette épreuve, tout imparfaite qu'elle était, amena la promesse d'un rendement de 3,000 dollars environ par tonne d'un minerai pareil.

Dès ce moment, les bruits, fort vagues jusqu'alors, qui avaient couru sur les richesses aurifères et argentifères de la vallée de Washoe, devinrent un fait avéré, et ce qui était resté si longtemps inconnu fut promptement apprécié.

On fit des examens plus sérieux, et on reconnut dans la même veine trois filons suivant trois lignes presque parallèles, dont deux contenaient plus d'argent que d'or, et le troisième plus d'or que d'argent.

D'autres recherches eurent lieu, et, d'après les nombreux renseignements qui nous sont successivement parvenus de ces régions, il y a toute probabilité que ces trésors ne se trouvent pas isolés et restreints sur un seul point. Les dispositions du sol, l'analogie des observations, les signes géologiques, fournissent de nombreuses indications d'où l'on peut raisonnablement induire d'autres et prochaines découvertes du même genre dans le pays.

Ces faits s'accomplissaient dans les derniers mois de l'année dernière. A cette époque, un sixième du claim, possédé par les cinq mineurs dont j'ai parlé plus haut, et qui n'en avaient pas, dans le principe, soupçonné la richesse, claim d'une étendue de 1,500 pieds carrés environ, se vendait argent comptant 22,000 dollars, soit 110,000 francs.

Un peu plus tard, on offrait pour un autre sixième du même terrain 40,000 dollars, soit 200,000 francs ; enfin, deux anciens Californiens, possédant une modique étendue de 50 pieds carrés, située sur la même veine, mais plus loin et à part, auraient refusé jusqu'à 50,000 dollars (250,000 francs) de leurs droits à cette possession.

Ces nouvelles, appuyées sur des faits incontestables, ont grandement impressionné les esprits, et les expériences faites postérieurement à San-Francisco sur le minerai provenant des nouvelles découvertes ayant pleinement confirmé les espérances qu'elles avaient fait naître, on doit s'attendre, pour ce printemps, à un entraînement très-vif des populations californiennes, et peut-être des autres États de l'Union américaine, vers ces parages.

Voici, du reste, sur ces expériences et sur l'ensemble même des mines, quelques détails circonstanciés puisés à une source dont je puis vous garantir la parfaite exactitude :

« Pendant ces derniers mois, dit le rapport d'où je les extrais, les ressources de la Californie, en fait de métaux précieux, ont pris un aspect nouveau et très-intéressant ; nous disons de la Californie, bien qu'à vrai dire les nouvelles découvertes aient eu lieu au delà des frontières de cet État, nous voulons parler des *diggins de Washoe.*

» Ces précieuses mines, si riches en or, mais surtout en argent, se trouvent à 10 milles à peu près de la vallée de Washoe proprement dite, dans le territoire de Carson, à 8 milles de distance de la rivière de ce nom.

» Les premières découvertes ont été faites dans cette localité ; mais, d'après diverses indications, tout le pays environnant paraît participer, sur plusieurs lieues d'étendue, de ce caractère argentifère.

» A *Virginia City* ou *Silver City*, ainsi que la localité est diversement désignée, des mines ont été ouvertes qui, sur un espace de quelques centaines de mètres seulement, ont donné un rendement presque fabuleux d'argent, et, en quelques cas, d'or, par tonne de minerai.

» Ces deux métaux sont trouvés dans la même veine, mêlés dans des proportions irrégulières, certaines portions de minerai donnant environ moitié de l'un et moitié de l'autre, tandis que d'autres portions donnent principalement de l'argent ; généralement, cependant, le minerai trouvé jusqu'ici a rendu trois parties d'argent pour une partie d'or.

» Un essai fait à San-Francisco, sur du minerai provenant de cette localité, a donné 2,939 dollars d'or et 2,857 dollars d'argent par tonne, tandis que la même quantité de sable provenant d'un *diggins* adjacent a donné 3,000 dollars d'argent et 300 dollars d'or seulement par tonne.

» Le nom de *Virginia*, qui a été donné au point principal où les mineurs se sont d'abord réunis, dans la vallée de Washoe, a une origine assez singulière. L'un des cinq possesseurs primitifs de cette richesse souterraine était un ivrogne venu de l'État de Virginie, et, pour cette raison, connu sous le sobriquet de *Old Virginia*. A peine fut-il en possession de quelques centaines de dollars, qu'il se livra aux plus extravagants excès alcooliques, et la localité prit successivement les noms de *Virginia Whisky*, de *Old Virginia Brandy Claim*, et enfin, simplement de *Virginia*, nom qu'elle a conservé jusqu'ici, mais qu'il est question de changer en celui de *Silver City* (ville de l'argent).

» Les découvertes faites dans la vallée de Washoe ne sont pas d'ailleurs les seules qui, dans ces derniers mois, aient attiré l'attention. Il existe, au sud de celles-ci, et toujours sur le versant nord-est des montagnes Rocheuses, un lac connu sous le nom de *Mono Lake*, aux environs duquel on a, depuis quelque temps, trouvé beaucoup d'or.

» Ici, ce n'est plus la mine, ses veines sulfures ; ce sont des *placers* d'une vaste étendue, sur un plateau qu'on assure être de 6 à 7,000 pieds au-dessus du niveau de la mer. Ils sont à 120 milles environ de la petite ville de Sonora, chef-lieu du comté de Tuolumne, en Californie, et à 100 milles au sud de Genoa, principale ville ou village du territoire de Carson.

» On y parvient sans difficulté par les comtés californiens de Tuolumne, de Mariposa et de Calaveras, les routes n'étant interceptées par les neiges que pendant trois ou quatre mois d'hiver.

» Ces placers n'ont pas jusqu'ici causé dans les esprits la même excitation que les mines de Washoe ; mais, dans un ordre plus modeste, ils paraissent devoir offrir de beaux et abondants profits aux mineurs. Là, les chances d'un gain rapide et considérable n'existent pas, mais le travailleur y trouvera des journées rémunératrices dont les résultats seront continus et à peu près uniformes.

» La Californie est appelée à profiter largement de ces nouvelles découvertes. Une partie de sa population se portera sans doute vers la vallée de *Washoe* ou vers *Mono Lake ;* mais ces déplacements n'affecteront point le commerce du pays, car tous les approvisionnements, tous les articles nécessaires à cette foule, aussi bien qu'à l'exploitation des mines, devront passer par notre ville et seront expédiés par des entreprises californiennes.

» Quant à la découverte en elle-même de ces quantités énormes d'argent, c'est là un fait nouveau et d'un grand intérêt, car il peut tendre à maintenir l'équilibre entre la valeur de ce métal et celle de l'or. »

14.

ANNEXE 5.

LETTRE AU *JOURNAL DES DÉBATS*.

Paris, le 28 décembre 1850.

J'ai lu aujourd'hui seulement les lettres très-intéressantes de MM. Singer et Poisat, insérées dans votre estimable journal, sur la question de la démonétisation de l'or. Je n'ai assurément pas la prétention d'émettre sur cette question un avis *ex professo :* une telle prétention ne convient qu'aux personnes qui ont fait de la question des métaux une étude approfondie, spéciale. Mais, peut-être trouverez-vous une certaine utilité à publier quelques considérations de simple bon sens, qui, ce me semble, pourraient avoir pour effet de calmer l'émotion que la crainte de la démonétisation de l'or a fait naître.

Et, d'abord, constatons les faits, nous aborderons ensuite les hypothèses sur lesquelles les partisans de cette grave mesure fondent leur opinion.

Les faits, les voici :

Jusqu'à ces dernières semaines, l'or avait constamment joui, selon les circonstances, d'une prime plus ou moins élevée; naguère, encore, elle était considérable; de telle sorte qu'on peut dire avec vérité, que l'or, en France, n'a jamais été qu'une monnaie de luxe, une marchandise, mais jamais une monnaie circulante. Depuis un mois cependant, des arrivages extraordinaires

qui, toutefois, n'auront dépassé, à la fin de l'année,
la fabrication des espèces d'argent que de quelques millions, ont fait disparaître la prime dont l'or avait jusque-
là constamment joui, et ce fait anormal a ému l'opinion
publique, ébranlée à la fois par la démonétisation des
guillaumes de Hollande, par le retrait des capitaux en-
voyés en Amérique et en Angleterre en 1848, sous le
coup de terreurs heureusement dissipées aujourd'hui;
enfin, par l'obligation imposée à nos voisins d'outre-
mer de payer les grains qu'ils tirent, cette année, en
plus grande quantité qu'à l'ordinaire du continent, et les
valeurs diverses que le retour de la sécurité les engage à
acheter en France, à un taux d'intérêt presque double de
celui qu'ils obtiennent chez eux.

Toutes ces circonstances, momentanées mais coïn-
cidentes, ont amené des envois considérables d'or, qui,
combinés avec les exagérations californiennes, ont produit
l'espèce de panique que nous voyons; on a posé la question de la démonétisation à bref délai des pièces d'or de
20 francs et de 40 francs; on est allé même jusqu'à dire
que l'État n'est pas garant de la monnaie frappée par lui,
et que 1 franc pouvait cesser d'être 1 franc s'il était
représenté par de l'or! O Athéniens! Athéniens! passe-
rez-vous donc toujours d'un extrême à l'autre?...

Mais examinons froidement l'état réel des choses :

Personne ne conteste, je pense, que l'or soit le métal
par excellence pour fabriquer la monnaie, la monnaie,
cette admirable invention des hommes, qui a été un des
agents les plus énergiques et les plus puissants de la civilisation. Or, s'il n'avait pas constamment joui d'une

prime, l'or, sous la forme la plus commode et la plus
sûre, aurait, depuis longtemps, rempli l'office de billets
de banque à petites coupures. Une révolution a pu seule
faire descendre le *minimum* de ces billets à 100 francs,
et chacun en comprend bien l'extrême utilité. Eh bien,
ce serait le moment où, par un concours de circonstances
heureuses, l'or, devenant plus abondant, va enfin entrer
dans la circulation comme monnaie, rôle auquel, nous
l'avons dit, il est admirablement propre, c'est ce mo-
ment-là qu'on choisirait pour le démonétiser! On conserverait l'ignoble billon dont, depuis trente ans, la voix
publique réclame avec instance le changement, et l'on
supprimerait la monnaie d'or, c'est-à-dire la monnaie la
plus parfaite qui existe dans le monde, la monnaie appelée à faire l'office de ces petits billets de banque si désirés et que, selon toute probabilité, nous n'aurons jamais
sous la forme de papier.....

...Et nos relations commerciales avec les pays étrangers,
avec l'Angleterre, l'Amérique et la Russie en particulier,
quel dommage ne souffriraient-elles pas de l'impossibilité où se trouverait chaque pays de pouvoir solder ses
échéances avec sa propre monnaie, comme cela se pratique aujourd'hui?

Et cette perturbation dont il serait difficile d'apprécier
d'un coup d'œil toutes les conséquences, en vue de quoi
s'y exposerait-on? En vue d'une hypothèse probléma-
tique, contestable, et qui est contestée par les hommes
les plus compétents; dans la crainte d'une exploitation
d'or tellement abondante que le monde entier serait
inondé de ce métal précieux, et que sa valeur relative de

15 kilog. et demi d'argent pour 1 kilog. d'or, tombe-
rait à un taux qui constituerait la France en perte d'une
somme très-importante.

Quoi! ce serait en prévision d'une chance aussi incertaine et aussi éloignée qu'on bouleverserait l'ancien ordre
de choses, au moment où, selon moi, il tend à s'améliorer, et que l'on se priverait de l'immense avantage qu'offrirait l'or monnayé entrant enfin dans la circulation?

Ce serait, selon moi, souverainement déraisonnable.
N'y a-t-il pas lieu d'attendre au moins que les faits se
soient produits dans une certaine mesure, et de soumettre
de simples conjectures au contrôle de l'expérience?

En effet, qui nous dit qu'avant peu de temps, des circonstances différentes ne produiront pas un effet contraire? et si, ce que je voudrais, pour ma part, si l'or
arrivait en France avec assez d'abondance pour qu'il se
répandît dans les départements, dont le plus grand nombre s'en trouve aujourd'hui complétement privé, qui empêcherait alors, *mais seulement alors*, le gouvernement d'arrêter la fabrication de l'or, et de limiter ainsi,
à sa volonté, la masse circulante? S'il ne le faisait pas, et
que les craintes exprimées touchant l'envahissement de
l'or vinssent à se réaliser, qu'arriverait-il? Le voici :
l'or devenant la monnaie courante, l'ordre de choses ancien se trouverait renversé; l'argent, à son tour, passe-
rait à l'état de marchandise, et jouirait d'une prime.
Quel mal y aurait-il à cela? Nous aurions échangé une
monnaie lourde et incommode contre une monnaie commode et légère. Voilà tout. Si le franc en or, par son
abondance, perdait de sa valeur relative, ce serait parce

que toutes les autres valeurs auraient monté, et ce résultat s'accomplirait au profit du pays; tout au moins, il y aurait compensation. Il n'y aurait évidemment de déficit que sur la portion d'argent échangée au pair par l'étranger contre de l'or, et cet échange, le gouvernement pourra toujours en fixer la limite en interdisant, quand il le voudra, la fabrication de la monnaie d'or. Mais à quelle somme pourrait s'élever ce déficit? Supposons l'argent monté à 10 pour 100 de prime, et que 1 milliard a été échangé, sans prime, contre autant d'or importé de l'étranger. Eh bien! dans ce cas, très-improbable de longtemps, selon moi, le pays aurait acheté au prix de 100 millions l'avantage de substituer la commodité de l'or à l'incommodité de l'argent, et, encore, faudrait-il tenir compte de la différence de frais, bien moindre sur l'or que sur l'argent.

Un manque à gagner possible de 100 millions à supporter un jour par la France (car je n'admets pas un seul instant que l'État ne soit pas garant des monnaies qu'il met en circulation) : voilà à quoi pourraient aboutir éventuellement les chances très-douteuses d'un dommage provenant de la conservation de l'ordre de choses actuel. Y a-t-il là de quoi s'effrayer comme on l'a fait pour l'État? Car, ainsi que je l'ai déjà dit, le public est ici hors de cause: 20 fr. en or seront toujours pour lui 20 fr.

Est-ce que ce serait là un de ces malheurs qu'on doive à tout prix chercher à épargner à nos neveux ou à nous-mêmes? Assurément non.

.... D'ailleurs, comme je crois l'avoir expliqué, il y aurait bien des moyens d'éviter et surtout de limiter cette perte. Elle se bornerait même, selon toute apparence, à la simple privation pour le public, sur l'argent échangé au pair, de la prime qui serait établie finalement sur l'argent restant en France après l'introduction d'une quantité d'or suffisante pour renverser l'ordre ancien, dans lequel l'or était une marchandise, tandis que, dans l'ordre nouveau, l'argent ferait l'office de l'or et l'or celui de l'argent.

La conclusion de cette lettre, bien plus longue que je n'avais cru la faire en la commençant, c'est qu'on s'effraye à tort d'une chose dont on devrait se réjouir ; car ce qui se passe est l'indice le plus significatif d'un retour à la confiance et à la prospérité qui la suit. C'est qu'il n'y a pas lieu de changer ce qui existe, et qu'il suffit de surveiller avec attention les faits qui se produiront d'ici à quelques années, pour en tirer tel avertissement que de raison.

Veuillez agréer, etc.

Signé : F. BARTHOLONY.

PRÉCIS ANALYTIQUE

DES OUVRAGES

DE M. F. BARTHOLONY.

N. B. Les diverses éditions de plusieurs écrits anciennement publiés par M. Bartholony se trouvant aujourd'hui complétement épuisées, il a paru qu'il ne serait pas sans intérêt de joindre à la présente brochure un résumé sommaire des questions traitées dans les précédentes, afin que le lecteur fût à même de suivre la filiation des idées à travers la différence des époques.

PRÉCIS ANALYTIQUE

DES OUVRAGES DE M. F. BARTHOLONY SUR LES TRAVAUX PUBLICS.

1er mai 1835. — *Quelques idées sur les encouragements à accorder aux compagnies concessionnaires des grandes lignes de chemins de fer et autres travaux publics.*

L'État est incapable d'exécuter par lui-même tous les grands travaux publics. — Le gouvernement a reconnu cette vérité en faisant appel à l'industrie privée pour l'exécution des chemins de fer. — Cette industrie privée a besoin d'être protégée par le gouvernement. — La loi proposée n'atteint pas le but. — Elle donne la concession par voie d'adjudication. Le concessionnaire le plus accommodant peut-être celui qui présente le moins de gages de moralité, de solvabilité et de réussite.

La loi propose de venir en aide aux compagnies en faisant entrer l'État *comme actionnaire* dans les entreprises. — Ce n'est pas là un moyen efficace d'attirer les capitaux. — L'influence de l'État *associé* dans les entreprises particulières réduirait les compagnies à la condition de simples bailleurs de fonds.

La loi ne contient pas un mot pour la prise de possession des terrains nécessaires à l'établissement de la voie ; elle ne s'occupe pas des moyens de permettre aux compagnies d'acheter leurs fers au meilleur marché. Des entreprises si utiles au pays doivent être traitées libéralement, surtout à leur début.

Que faut-il donc faire ?

Chapitre premier. Il faut que l'État choisisse entre les concurrents celui qui lui présente le plus de garanties.

Chap. II. Il faut que l'État, au lieu d'entrer dans l'entreprise comme actionnaire, garantisse *un minimum d'intérêt* pendant un temps déterminé, en cas d'insuffisance des produits. — Pendant les constructions, les intérêts des actions seraient servis par les compagnies, et feraient partie intégrante du montant des dépenses. — Le *minimum d'intérêt* serait garanti pour 25 ans — le chiffre de l'intérêt serait fixé à 4 p. 100 l'an, dont 3 p. 100 seraient employés à servir les intérêts annuels,

et 1 p. 100 à l'amortissement du capital. — Equité et avantages de
cette combinaison. — Elle n'impose à l'État qu'un sacrifice éventuel et
futur, tandis que le système du projet de loi lui impose un sacrifice immédiat et certain; grâce à elle, l'État ne donne plus d'argent aux compagnies, il leur *prête* seulement l'appui de son crédit. — Cette garantie
d'intérêt est un point fondamental, et de son adoption dépend en France
l'avenir des grands travaux d'utilité publique!

Appréciation des charges que ce système pourrait faire peser sur le Trésor,
et des avantages que le pays et le Trésor lui-même retireraient de l'exécution des voies ferrées.

La garantie d'intérêt se combinerait admirablement avec une mesure non
moins importante, la réduction de la dette publique.

Chap. III. Il faut que l'État, maintenant au taux fixe d'un franc le droit
d'enregistrement de tous les actes des compagnies exécutantes, leur
donne la franchise de tous les autres droits et impôts, à l'exception de
l'impôt foncier et du droit sur les voyageurs.

Chap. IV. Il faut autoriser les compagnies concessionnaires à prendre possession des terrains dans un bref délai, après dépôt du montant de
l'indemnité présumée.

Chap. V. Il faut accorder aux compagnies l'entrée en franchise de droits
de tous les fers destinés à la construction des chemins, ainsi que le
matériel et le combustible nécessaires à l'exploitation. C'est ce qu'ont fait
les États-Unis. — On se plaint déjà de la cherté des fers français que
nous payons 35 ou 40 p. 100 plus cher que les fers anglais. —
L'immense consommation des chemins de fer élèverait encore ces prix.
— Quel que soit l'état de l'industrie des fers en France, elle n'éprou-
verait aucun dommage de la faveur réclamée, tandis que sans cette faveur les compagnies auraient tout à craindre des spéculations dont leurs
besoins seraient l'objet.

Chap. VI. Il faut employer, s'il est possible, l'armée aux travaux publics.

Chap. VII. Il faut maintenir la disposition qui divise les grandes lignes en
plusieurs sections, avec déchéance de la concession de celles qui n'auraient pas été achevées dans un délai déterminé.

Chap. VIII. Il faut préciser les attributions des ponts et chaussées, et
laisser aux compagnies toute la liberté d'action compatible avec le bon

ordre. — Il serait désirable que les ingénieurs des ponts et chaussées fussent autorisés à diriger les travaux dont les compagnies demanderaient à les charger.

Chap. IX. Il faut s'en rapporter aux compagnies pour la fixation des tarifs des transports des voyageurs et des marchandises, comme aux États-Unis, ou tout au moins établir, comme en Angleterre, un maximum élevé qui laisse aux compagnies une grande latitude.

Chap. X. Il faut accorder les concessions à perpétuité. — Raisons qui doivent faire préférer ce système à celui des concessions temporaires.

Chap. XI. Il faut permettre la création d'actions bénéficiaires, dites actions industrielles, mais en empêcher l'abus.

Conclusion.

1837. — *Du meilleur système à adopter pour l'exécution des travaux publics en France, et notamment des grandes lignes de chemins de fer.*

(Les nombreux fragments de cette publication reproduits plus haut nous dispensent d'analyser ici l'ouvrage.)

1838. — Appendice au précédent ouvrage.

Chapitre premier. Considérations générales.

Chap. II. Examen raisonné des propositions de l'ex-compagnie des chemins de fer du Nord, en ce qu'on aurait dû faire et ce que l'on a fait au sujet des travaux publics en France.

Chap. III. De la garantie par l'État d'un minimum de revenu, base fondamentale d'un grand système d'encouragement des travaux publics en France.

Chap. IV. Des caisses d'épargne et de leur relation avec le système de la garantie d'un minimum d'intérêt.

Conclusion.

1841. — *Lettre à un député sur le nouveau système adopté par le gouvernement pour arriver à la construction des grandes lignes de chemins de fer.*

Sommaire.

Différence capitale entre les dépenses productives et les dépenses improductives. — On ne doit pas s'effrayer des dépenses qu'exigent les travaux publics bien entendus ; ils rapportent plus qu'ils ne coûtent. — *Ce sont des placements avantageux plutôt que des dépenses proprement dites.* — Jusqu'ici, on a pourvu avec bien plus de facilité et d'entraînement aux dépenses de la guerre qu'aux travaux de la paix. — Utilité d'abandonner ce faux point de vue de l'honneur national. — Il faut faire exécuter les chemins de fer de préférence par l'industrie privée, aidée au besoin du crédit de l'État, et, à défaut, par l'administration publique. — Pour que l'industrie privée retrouve des forces et acquière la puissance d'accomplir de grandes entreprises, on ne saurait lui prodiguer trop d'encouragements ; à plus forte raison, il faut achever de la débarrasser des entraves qui gênent encore son essor ; propositions à ce sujet. — On ne peut pas espérer que, de quelques années encore, l'industrie privée puisse entreprendre les grandes lignes projetées. — Si à leur défaut, l'État devrait sans hésitation, les exécuter, à plus forte raison y a-t-il lieu d'applaudir au système mixte proposé par le gouvernement. — Motifs à l'appui de cette assertion, et quelques idées sur les moyens d'arriver à l'exécution la plus prompte et la plus économique de la viabilité perfectionnée du territoire.

Notes et documents. — Projet de réduction de la dette publique, et moyen de fonder une caisse de réserve pour les encouragements pécuniaires à accorder aux entreprises d'utilité publique.

Des négociations entamées pour un traité de commerce avec la Belgique, et sur la diminution graduelle des droits protecteurs en ce qui concerne les rails, etc. etc.

Février 1843. — *Deuxième lettre à un député, ou Observations sur l'exécution de la loi du* 11 *juin* 1842.

La loi du 11 juin 1842 a fondé l'alliance de l'administration et de l'industrie, et l'utilité de la coopération de celle-ci est désormais reconnue et consacrée. — Mais la mise à exécution de cette loi présente des difficultés sérieuses. — Moyens de les surmonter. — En tête de ces moyens, il faut placer :

1º La garantie d'intérêt. — Nouvelle démonstration de ses avantages appuyés sur la pratique, et réfutation des objections fondées sur ces prétendus inconvénients.

2º Des démonstrations non équivoques destinées à détruire le souvenir des anciennes dispositions hostiles de l'administration envers l'industrie privée.

3º Enfin la réalisation des espérances que fait naître, pour les Compagnies d'Orléans et de Rouen, le prochain achèvement de leurs travaux.

Indication de plusieurs mesures propres à favoriser le développement des travaux publics par l'industrie privée.

Notes et documents. — Discussion sur l'émission de bons de chemins de fer, proposée par M. E. de Girardin. — De l'utilité et de la convenance de voir les établissements de crédit admettre dans leurs caisses, comme effets publics, toutes les valeurs garanties par l'État.

Avril 1843. — *Troisième lettre à M. Dufaure.*

On peut et on doit trouver, dans le système de la garantie d'intérêt, le moyen d'offrir à l'État une juste rémunération des sacrifices que lui impose sa coopération dans les travaux :

1º Par la prise de possession gratuite, à fin de bail, du chemin, soit du capital de la Compagnie.

2º Par le partage des produits pendant la durée de la concession, jusqu'à concurrence d'un intérêt de 3 %, des avances faites par l'État.

Preuves à l'appui de la justice et de la convenance de cette compensation en faveur de l'État.

Mars 1844. — *Résultats économiques des chemins de fer, ou Observations pratiques sur la distribution des richesses créées par ces nouvelles voies de communication, et sur le meilleur système d'application de la loi du 11 juin 1842.*

Justification de la proposition : *Les travaux publics bien entendus, appuyés de tarifs rémunérateurs, profitent à tous sans rien coûter à personne.* — Exemple de la Compagnie d'Orléans. — Sa formation. — Des résultats produits par la construction du chemin. — Des résultats produits par la mise en exploitation du chemin. — Augmentation de la richesse publique. — L'État ne retirerait pas des chemins de fer les mêmes bénéfices que les compagnies. — La loi de 1842, loi de conciliation, doit être maintenue afin de réparer le temps perdu dans des luttes funestes.

Note sur un système d'application de la loi de juin 1842. — L'État garantirait à la compagnie, pendant 46 ans et 324 jours, 3 % d'intérêt et 1 % d'amortissement, aux clauses et conditions stipulées dans la loi du 15 juin 1840. — En retour, la compagnie payerait à l'État, pendant le même temps, sur les premiers produits excédant ceux qui sont nécessaires à l'extinction de la garantie ci-dessus, le même intérêt de 3 % et 1 % d'amortissement sur le capital déboursé par l'État. — Après l'expiration des 40 ans, l'État entrerait en possession gratuite du chemin. — Avantages de cette combinaison pour l'État et pour les compagnies. — Note relative aux canaux. — Les canaux et les chemins de fer peuvent très-bien vivre en même temps, car la voie d'eau transportera toujours à meilleur marché que le chemin de fer et satisfera surtout aux besoins de l'agriculture; à elle appartiennent les marchandises encombrantes et de peu de valeur. — Il faut, pour qu'ils puissent lutter, mettre les canaux en bon état de navigation et améliorer les fleuves et rivières navigables.

Juin 1845. — *Quatrième lettre à un député, ou Examen consciencieux de quelques questions soulevées par l'exécution des chemins de fer en France.*

Une ère nouvelle a commencé pour les chemins de fer. — L'esprit d'association, ranimé par les succès obtenus, s'est relevé avec énergie, et l'industrie privée offre de faire seule tous les frais des lignes à exécuter. — Le danger aujourd'hui est qu'on impose aux compagnies et que celles-ci acceptent des conditions trop rigoureuses. — Quand on songe que le système des concessions temporaires a triomphé et que l'État est appelé à jouir des revenus considérables des chemins de fer, comment trouve-t-on des personnes qui ne sont préoccupées que de la crainte de voir les compagnies jouir d'une trop grande prospérité? — Il faut se placer à un point de vue élevé; doter, autant que possible, toutes les provinces du royaume de voies de communication perfectionnées, et pour cela conserver et fortifier tous les instruments destinés à créer ce grand œuvre, et notamment le plus puissant d'entre eux : l'industrie privée. — Le système de la garantie d'intérêt a fait ses preuves. — Pourquoi il n'a pas été adopté après l'exemple donné par la Compagnie d'Orléans. — Il faut revenir à ce système, pour attirer, à côté des capitaux de spéculation, les capitaux de placement, seul moyen d'éviter de nombreux malheurs publics et particuliers.

Du terme à assigner à la durée des concessions. — Exposé d'un système qui consisterait à fixer pour *terme maximum* des concessions celui qu'amènerait le revenu garanti par l'État. — Un fonds d'amortissement prélevé sur les bénéfices accélérerait le terme de la concession, qui finirait au moment où le capital social serait remboursé. — Ce système, d'une équité incontestable, n'a pas été sérieusement examiné.

TABLE DES MATIÈRES.

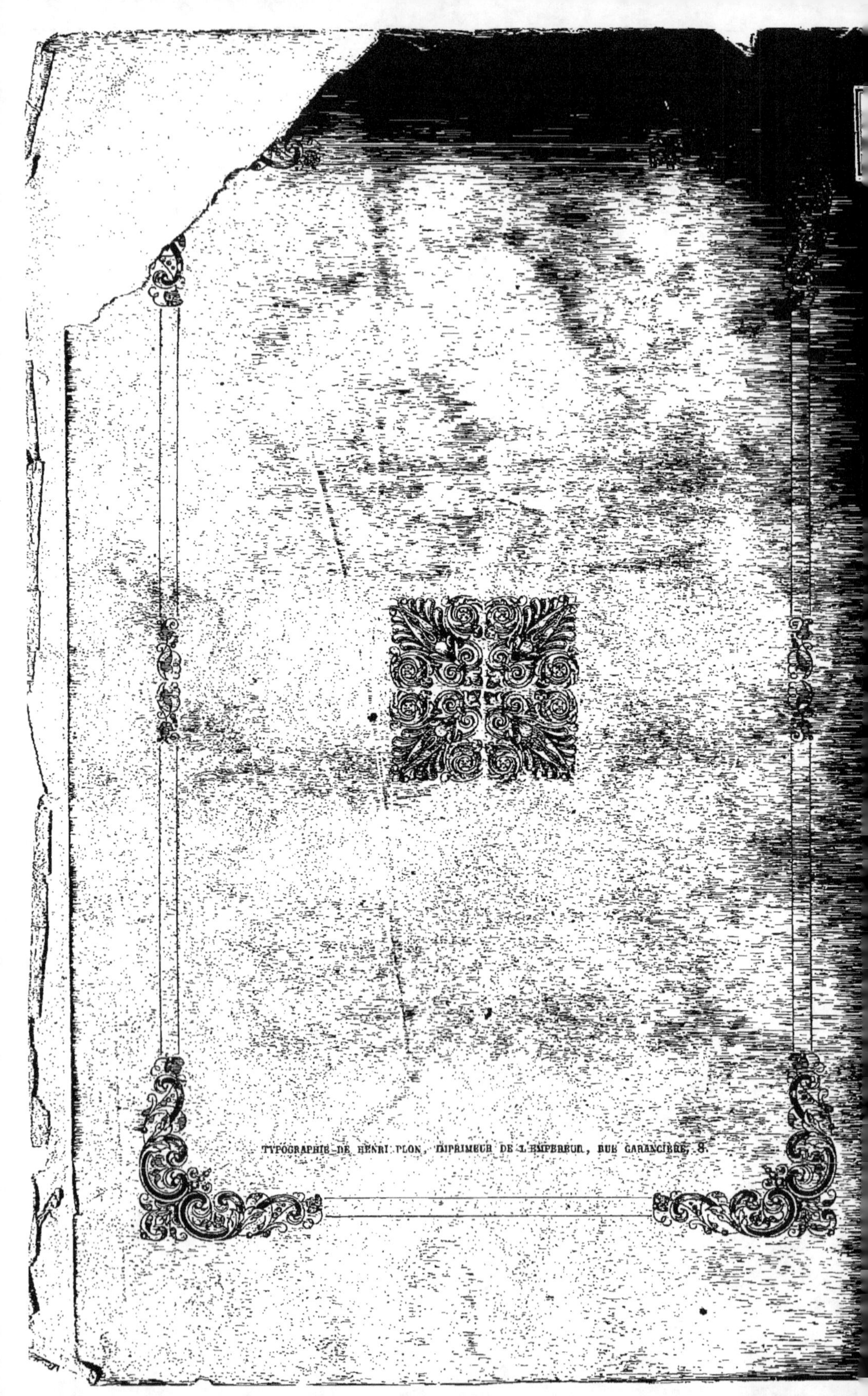

TYPOGRAPHIE DE HENRI PLON, IMPRIMEUR DE L'EMPEREUR, RUE GARANCIÈRE, 8.

www.ingramcontent.com/pod-product-compliance
Lightning Source LLC
Chambersburg PA
CBHW062327070726
47596CB00008B/330